controladoria jurídica e inovação

EDITORA intersaberes

O selo DIALÓGICA da Editora InterSaberes faz referência às publicações que privilegiam uma linguagem na qual o autor dialoga com o leitor por meio de recursos textuais e visuais, o que torna o conteúdo muito mais dinâmico. São livros que criam um ambiente de interação com o leitor – seu universo cultural, social e de elaboração de conhecimentos –, possibilitando um real processo de interlocução para que a comunicação se efetive.

controladoria jurídica e inovação

Antoine Youssef Kamel

EDITORA intersaberes

Rua Clara Vendramin, 58
Mossunguê . CEP 81200-170
Curitiba . PR . Brasil
Fone: (41) 2106-4170
www.intersaberes.com
editora@editoraintersaberes.com.br

- Conselho editorial
Dr. Ivo José Both (presidente)
Dr.ª Elena Godoy
Dr. Neri dos Santos
Dr. Ulf Gregor Baranow

- Editora-chefe
Lindsay Azambuja

- Gerente editorial
Ariadne Nunes Wenger

- Preparação de originais
Gustavo Ayres Scheffer

- Edição de texto
Guilherme Conde Moura Pereira
Letra & Língua Ltda. – ME

- Projeto gráfico
Raphael Bernadelli

- Capa
Iná Trigo (*design*)
Mega Pixel/Shutterstock (imagem)

- Diagramação
Laís Galvão

- Equipe de *design*
Iná Trigo

- Iconografia
Regina Claudia Cruz Prestes

Dados Internacionais de Catalogação na Publicação (CIP)
(Câmara Brasileira do Livro, SP, Brasil)

Kamel, Antoine Youssef
Controladoria jurídica e inovação/Antoine Youssef Kamel. Curitiba: InterSaberes, 2020.

Bibliografia.
ISBN 978-65-5517-771-8

1. Controladoria jurídica 2. Inovações tecnológicas 3. Organizações – Administração 4. Planejamento estratégico I. Título.

20-42539   CDU-34

Índices para catálogo sistemático:
1. Controladoria jurídica: Direito 34
Cibele Maria Dias – Bibliotecária – CRB-8/9427

1ª edição, 2020.

Foi feito o depósito legal.

Informamos que é de inteira responsabilidade do autor a emissão de conceitos.

Nenhuma parte desta publicação poderá ser reproduzida por qualquer meio ou forma sem a prévia autorização da Editora InterSaberes.

A violação dos direitos autorais é crime estabelecido na Lei n. 9.610/1998 e punido pelo art. 184 do Código Penal.

como aproveitar ao máximo este livro 7

apresentação 11

Capítulo 1   **Controladoria jurídica - 15**

  1.1 Noções gerais da controladoria jurídica - 16
  1.2 História da gestão jurídica como objeto de estudo - 20
  1.3 As diversas formas de controladoria e a controladoria jurídica - 22
  1.4 Hierarquia da controladoria jurídica nas organizações - 29

Capítulo 2   **Gestão jurídica: parte 1 - 37**

  2.1 Noções gerais da gestão jurídica - 38
  2.2 A logística jurídica - 39
  2.3 Ferramentas gerais de planejamento e organização - 44

sumário

Capítulo 3　Gestão jurídica: parte 2 - 81

3.1　Práticas e ferramentas de gestão jurídica - 82
3.2　Gestão do conhecimento - 110

Capítulo 4　Inovação - 119

4.1　Criatividade e inovação nos tempos de hoje - 120
4.2　Inteligência artificial: uma realidade - 124
4.3　Recursos de *softwares* de gestão legal - 133
4.4　Utilização de *softwares* de gestão legal: conceitos envolvidos - 141
4.5　Gamificação - 152

estudo de caso　167

considerações finais　169

referências　173

consultando a legislação　179

respostas　181

apêndice: por que não consigo resolver problemas?　189

sobre o autor　199

Este livro traz alguns recursos que visam enriquecer o seu aprendizado, facilitar a compreensão dos conteúdos e tornar a leitura mais dinâmica. São ferramentas projetadas de acordo com a natureza dos temas que vamos examinar. Veja a seguir como esses recursos se encontram distribuídos no decorrer desta obra.

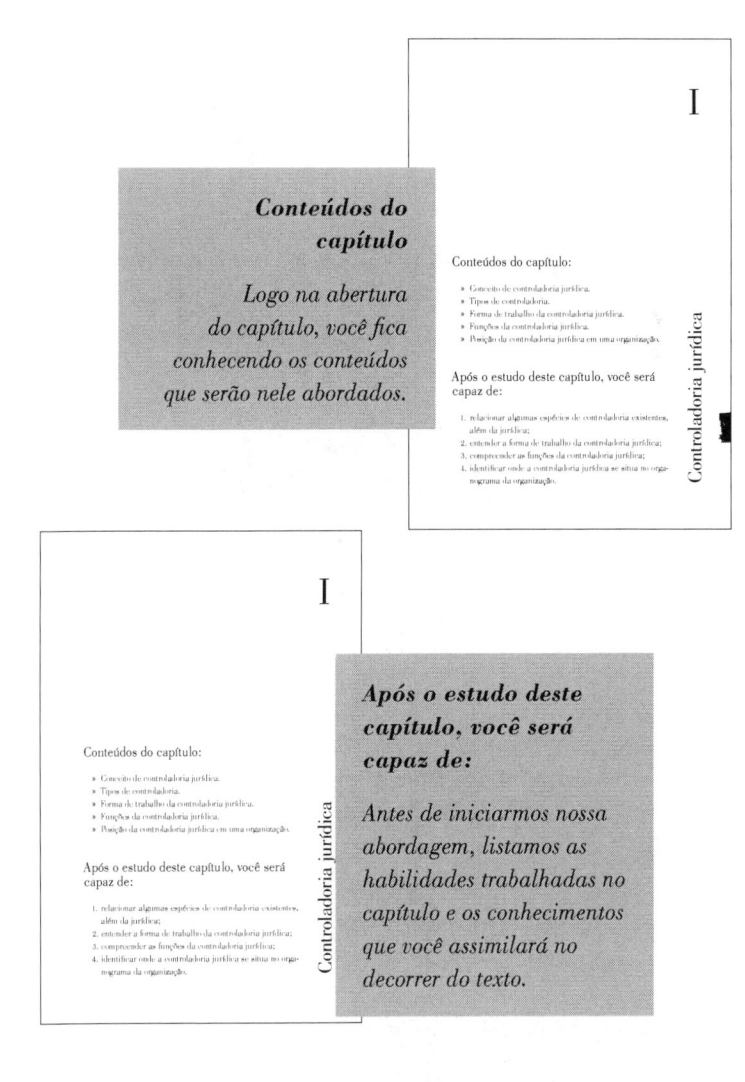

como aproveitar ao máximo este livro

Conteúdos do capítulo

Logo na abertura do capítulo, você fica conhecendo os conteúdos que serão nele abordados.

Após o estudo deste capítulo, você será capaz de:

Antes de iniciarmos nossa abordagem, listamos as habilidades trabalhadas no capítulo e os conhecimentos que você assimilará no decorrer do texto.

Introdução do capítulo

Logo na abertura do capítulo, informamos os temas de estudo e os objetivos de aprendizagem que serão nele abrangidos, fazendo considerações preliminares sobre as temáticas em foco.

Para saber mais

Sugerimos a leitura de diferentes conteúdos digitais e impressos para que você aprofunde sua aprendizagem e siga buscando conhecimento.

Síntese

Você dispõe, ao final do capítulo, de uma síntese que traz os principais conceitos nele abordados.

Questões para revisão

Com essas atividades, você tem a possibilidade de rever os principais conceitos analisados. Ao final do livro, o autor disponibiliza as respostas às questões, a fim de que você possa verificar como está sua aprendizagem.

Questões para reflexão

Nessa seção, a proposta é levá-lo a refletir criticamente sobre alguns assuntos e trocar ideias e experiências com seus pares.

Consultando a legislação

Você pode verificar aqui a relação das leis consultadas pelo autor para examinar os assuntos enfocados no livro.

Para falar sobre o que este material é, começamos dizendo o que ele não é. Não procuramos tratar de todo o universo de um controlador jurídico, porque isso seria muito amplo. A gestão estratégica, o processo decisório em uma organização, a liderança e a gestão de pessoas fazem ou podem fazer parte da carreira de um controlador jurídico, mas têm um tratamento próprio no contexto da administração que não caberia neste texto.

Também não se quer, aqui, esmiuçar o funcionamento de um *software* jurídico – mesmo porque, para cada um desses diversos programas disponíveis, há uma grande documentação para conhecer seu funcionamento, e seria inviável tratar pormenorizadamente de todos. Assim, nossa proposta é que este breve texto seja uma apresentação objetiva da controladoria jurídica, contemplando conceitos e alguns exemplos.

O conteúdo deste guia é traçado em quatro capítulos. No Capítulo 1, tratamos dos fundamentos da controladoria jurídica: definição de controladoria, funções da controladoria jurídica, organizações em que ela desempenha seu trabalho e seu grau hierárquico ideal. O objetivo é conhecer exatamente

apresentação

o que faz o controlador (ou *controller*) jurídico e onde ele se encaixa em uma organização. Também evidenciamos o porquê da existência do *controller*, ou seja, as vantagens de sua contratação para um escritório ou um departamento jurídico. Ainda, procuramos trazer uma breve história da gestão jurídica. Com esse conhecimento inicial sobre o posicionamento de uma controladoria jurídica, é possível adentrar, nos capítulos seguintes, no trabalho que ela efetivamente desenvolve.

No Capítulo 2, começamos a análise da gestão jurídica propriamente dita – o trabalho desempenhado pelo *controller* jurídico, destacando as noções gerais desse trabalho e a aplicação, nessa área, de ferramentas de planejamento estratégico já consagradas na gestão de organizações.

O Capítulo 3 dá continuidade à prática da gestão jurídica, no qual abordamos ferramentas mais específicas desse ramo de atuação. Reunimos práticas úteis para uma gestão jurídica eficiente – como a classificação de processos, o controle de tarefas e de prazos –, com a aplicação de ferramentas jurídicas e de gestão à rotina dos escritórios e departamentos jurídicos.

No segundo e no terceiro capítulos, o profissional que atua ou atuará na gestão jurídica encontra as bases para realmente implementar práticas de qualidade em seu trabalho de gerir uma organização, especialmente em se tratando de um escritório de advocacia ou departamento jurídico de uma empresa. Considerando as atividades realizadas pelo gestor jurídico, é possível atestar o fato de que esse profissional não precisa ser advogado ou bacharel em direito, visto que ele não trabalhará diretamente com o trabalho técnico-jurídico. De todo modo, como auxiliar desse tipo de trabalho, precisará compreender a área que irá gerir, por isso, necessita ter conhecimentos sólidos de direito para auxiliar advogados e outros operadores do direito na parte administrativa de sua rotina, como organização de documentos, adoção de fluxos de trabalho padronizados e controle de prazos.

Por fim, no Capítulo 4, trazemos conhecimentos adicionais, dos quais alguns servirão para que o controlador jurídico esteja atento às novidades e às tendências de sua atuação, e outros conhecimentos práticos, sobre ferramentas e conceitos que serão úteis de acordo com as necessidades da organização em que se trabalhará. Examinamos, por exemplo, algumas propostas da gestão jurídica baseadas na inteligência artificial, como forma de inspiração e conhecimento das tendências. Também apontamos as particularidades dos *softwares* disponíveis para a gestão de organizações jurídicas, demonstrando que o controle do trâmite dos processos é apenas uma entre muitas tarefas que os *softwares* podem auxiliar e, portanto, devem ser conhecidos os principais conceitos empregados na área de gestão jurídica com auxílio de tecnologias: *dashboard*, *timesheet* e outros. Cabe ao gestor atentar aos detalhes dessa unidade para a escolha e a operação desses *softwares*. É também neste capítulo que visitamos a gamificação, um tema da inovação que desperta grande interesse no estudo do engajamento e da motivação no trabalho e que o gestor jurídico poderá aplicar em sua organização.

Como podemos perceber, até mesmo na divisão dos capítulos trata-se de uma obra prática sobre como gerir, na realidade, um escritório de advocacia ou outra organização jurídica, como o departamento jurídico de uma empresa. Dada essa pretensão de servir de pequeno guia inicial construído para uma boa gestão jurídica, os demais profissionais de uma organização jurídica (profissionais administrativos, gestores de outras áreas da organização, advogados, secretários, entre outros) têm, nesta obra, um objeto de interesse pelos conhecimentos aqui reunidos em prol de seu trabalho, porque a boa gestão, com os bons resultados que traz, é do interesse de todos.

Ao mesmo tempo em que este trabalho serve como um guia no mundo da controladoria jurídica, buscamos não perder de vista o rigor acadêmico, notavelmente necessário para as referências das fontes e o tratamento preciso dos temas. Dessa forma, ousamos dizer que se trata de uma obra fundamental, um pilar inicial para estudo e consulta de gestores e futuros membros de organizações jurídicas, bacharéis em direito ou não.

A obra como um todo se complementa, pois cada parte é estreitamente vinculada às outras. Por isso, quando você se deparar com um termo que não foi ainda explicado, ele o será mais adiante, se já não o foi anteriormente; ou, então, quando uma tarefa não está muito clara, ela será tratada de modo mais específico no momento dedicado a ela.

O conteúdo ainda é muito novo, com pouco material publicado a respeito. Portanto, há grande diversidade de fontes consultadas, cada qual para tratar de um assunto pontual. Ao final da obra, como apêndice, elaboramos algumas dicas, sob os vieses lógico e psicológico, sobre como resolver problemas.

É assim que se constitui a presente obra e tais são os objetivos que pretendemos com ela alcançar. Esperamos que venha a ser de enorme proveito profissional.

I

Conteúdos do capítulo:

» Conceito de controladoria jurídica.
» Tipos de controladoria.
» Forma de trabalho da controladoria jurídica.
» Funções da controladoria jurídica.
» Posição da controladoria jurídica em uma organização.

Após o estudo deste capítulo, você será capaz de:

1. relacionar algumas espécies de controladoria existentes, além da jurídica;
2. entender a forma de trabalho da controladoria jurídica;
3. compreender as funções da controladoria jurídica;
4. identificar onde a controladoria jurídica se situa no organograma da organização.

Controladoria jurídica

Neste capítulo, apresentaremos as bases da controladoria jurídica. Qual é a percepção que você teve ao ler o título na capa desta obra? O que você esperava aprender desde essa impressão que teve?

A resposta a estas questões será significativa para a leitura do presente capítulo: ou você está familiarizado com o assunto – e sabe (ou mesmo vivencia) a controladoria jurídica –, ou conhecerá o tema agora. Se você faz parte do primeiro grupo, talvez queira passar rápido por este capítulo; pode fazê-lo, mas considere que aquilo que você já sabe pode ser aprofundado, ou até mudado, desde já. Caso você faça parte do segundo grupo, seja bem-vindo ao universo da gestão jurídica: você escolheu um bom ponto de partida!

1.1 Noções gerais da controladoria jurídica

A controladoria jurídica tem a função de gerir escritórios e departamentos jurídicos eficazmente, a fim de que os outros profissionais da organização (sócios, associados, funcionários empregados ou autônomos prestadores de serviço) possam concentrar sua atenção nas atividades primordiais do negócio.

Pensemos em um exemplo de trabalho para tratar de quem é o controlador jurídico:

> *imagine que um mesmo advogado tenha que ler a publicação, agendar o prazo, solicitar ou mesmo ir até o fórum para obter a cópia, elaborar a petição relativa ao prazo, protocolar, arquivar o comprovante de protocolo, informar ao cliente e finalmente dar baixa em seu controle. Impossível? Não! De forma alguma. Tanto que*

não faz muito tempo que a maior parte dos pequenos escritórios funcionava dessa maneira, mas certo é que temos formas mais eficientes de distribuir as atribuições, permitindo que o advogado foque no trabalho técnico e deixando os demais aspectos envolvidos com setores especializados. (Gobbi, 2018)

O citado autor explica que o papel da controladoria jurídica é "organizar rotinas e informações que possibilitem ao corpo técnico jurídico do escritório se concentrar em sua tarefa precípua que é se dedicar ao estudo dos casos, elaboração de petições, realização de audiências, contato com os clientes" (Gobbi, 2018). É graças à controladoria jurídica que os sócios de um escritório podem concentrar-se nas atividades gerenciais de alto nível e que os advogados podem atuar em tempo integral no trabalho jurídico, porque a controladoria realiza as atividades administrativas por eles e pela organização como um todo.

Para definir o que se entende por trabalho técnico-jurídico de exercício exclusivo por advogados, consultemos o Estatuto da Advocacia, conforme disposto na Lei n. 8.906, de 4 de julho de 1994 (Brasil, 1994):

> *Art. 1º São atividades privativas de advocacia:*
> *I. a postulação a órgão do Poder Judiciário e aos juizados especiais;*
> *II. as atividades de consultoria, assessoria e direção jurídicas.*
> *§ 1º Não se inclui na atividade privativa de advocacia a impetração de habeas corpus em qualquer instância ou tribunal.*
> *§ 2º Os atos e contratos constitutivos de pessoas jurídicas, sob pena de nulidade, só podem ser admitidos a registro, nos órgãos competentes, quando visados por advogados.*

> *§ 3º É vedada a divulgação de advocacia em conjunto com outra atividade. [...]*
>
> *Art. 3º O exercício da atividade de advocacia no território brasileiro e a denominação de advogado são privativos dos inscritos na Ordem dos Advogados do Brasil (OAB).*
>
> *Art. 4º São nulos os atos privativos de advogado praticados por pessoa não inscrita na OAB, sem prejuízo das sanções civis, penais e administrativas.*
>
> *Parágrafo único. São também nulos os atos praticados por advogado impedido – no âmbito do impedimento – suspenso, licenciado ou que passar a exercer atividade incompatível com a advocacia.*

Em outras palavras, são privativas de advogados (bacharéis em Direito inscritos na Ordem dos Advogados do Brasil) as atividades profissionais consistentes em oferecer orientação ou assessoramento jurídico, bem como o peticionamento perante órgãos do Poder Judiciário (salvo a impetração de *habeas corpus* e a postulação nos juizados especiais em primeira instância) e a consultoria jurídica, isto é, o papel de orientar pessoas sobre como proceder em determinado assunto quanto ao direito envolvido, mesmo que não atue em lugar dela.

Com a controladoria jurídica em seu apoio, o advogado dispõe de tempo e concentração para atuar exclusivamente na parte técnica, ao passo que a gestão jurídica fica nas mãos de pessoas especializadas. Ganha-se em produtividade, qualidade e foco.

Segundo Albini (2017), a "Controladoria Jurídica é o setor do escritório de advocacia [ou de departamento jurídico] responsável pela gestão centralizada dos serviços jurídicos, que realiza todas as atividades de suporte administrativo ao setor técnico, bem como todo o trabalho de análise de resultados da produção jurídica". Essas tarefas é que estarão diante dos nossos olhos nas próximas páginas.

A controladoria jurídica (ou gestão jurídica) pode ser exercida por uma equipe multidisciplinar, com formação em áreas diversas (por exemplo, processos gerenciais, gestão de serviços jurídicos e notariais, direito), ou ser tarefa de um único indivíduo, que pode dedicar-se integralmente à atividade ou desenvolvê-la paralelamente a outras (por exemplo, um advogado que, durante parte do expediente, atende os clientes e elabora peças processuais, e, na outra parte do tempo, faz a atividade de controladoria).

Quando falamos de controladoria jurídica, referimo-nos ao setor responsável pelas funções desempenhadas por uma controladoria jurídica, independentemente do nome pelo qual ele seja conhecido na organização à qual pertence e do enquadramento funcional das pessoas responsáveis por ela.

Por fim, **controller jurídico** é a nomenclatura mais comum para a pessoa que exerce a controladoria jurídica. No entanto, ele pode ser conhecido na organização apenas como *gestor* ou, ainda, se a pessoa exerce também outras funções – como de secretário ou advogado –, a atividade de gestão pode não ser expressamente mencionada. Mesmo que a organização não o reconheça nessa posição, caso lhe caibam as funções pertinentes à controladoria jurídica, os conhecimentos aqui apresentados podem e devem ser implementados na organização e aplicados ao seu trabalho diário.

1.2 História da gestão jurídica como objeto de estudo

A gestão jurídica surgiu, podemos dizer, desde o momento em que o primeiro advogado atendeu seu primeiro cliente! Sim, pois, além de ouvir o que o cliente precisava e ajuizar um processo perante o Poder Judiciário, precisou registrar as informações do cliente (nome, estado civil, profissão, endereço, forma de contato) e mantê-las guardadas, bem como teve de acompanhar constantemente o trâmite processual para tomar atitudes no decorrer do processo, como participar de audiências, elaborar e protocolar novas petições e recursos. Tudo isso é controle e gestão da atividade jurídica, necessária, como vemos, mesmo que só haja um processo sob a responsabilidade de um advogado. E, se reconhecemos o início da gestão jurídica junto à atividade advocatícia, trata-se de uma atividade de tempos imemoriais, pois, sem citar data, Costa (2002, p. 79) esclarece que o "primeiro advogado foi o primeiro homem que, com influência da razão e da palavra, defendeu os seus semelhantes contra a injustiça, a violência e a fraude".

A história é diferente quando tratamos da **profissionalização** da gestão jurídica pela implementação consciente de práticas de gestão na atividade jurídica. Hoje, com o *boom* da tecnologia, há uma multiplicidade de ferramentas digitais para a gestão legal, e muitos profissionais do direito no país, se não os utilizam, ao menos sabem que existem esses *softwares* de gestão – mas a gestão profissional da atividade jurídica surgiu, é claro, antes da ubiquidade da informática nas organizações jurídicas. Não temos registrado o momento em que um escritório de advocacia, ou departamento jurídico de uma empresa, utilizou pela primeira vez técnicas de gestão profissional em sua organização. Foi, possivelmente, uma prática que passou a ocorrer, com pessoas aplicando técnicas de gestão na área jurídica em sua organização, e que ninguém pensou em qualificar como um novo mercado. Nesse momento, ninguém deve ter pensado: "Estamos criando uma nova profissão, a profissão de gestor jurídico, e devemos compartilhar os conhecimentos dessa nova área chamada de *gestão jurídica*!". Não. Apenas geriram a organização jurídica de maneira profissional.

A gestão jurídica como objeto de estudo específico é, realmente, muito mais recente. No Brasil, podemos associar vagamente esse momento com o ano de 1983, com a criação do primeiro *software* jurídico para administração de escritórios de advocacia no mercado brasileiro (Sisea, 2020).

Se tomarmos os Estados Unidos como outra referência de história, voltaremos alguns anos. Segundo a American Association for Paralegal Education (AAfPE), especializada em educação *paralegal* (termo utilizado para a área de apoio jurídico que, entre outras atividades, envolve a gestão), as primeiras conferências promovidas pela American Bar Association* para a educação paralegal ocorreram nos idos de 1970, tendo sido a AAfPE criada em 1981 (AAfPE, 2020).

A Association of Legal Administrators (ALA) foi criada dez anos antes. Essa associação foi "fundada em 1971 para prover suporte aos profissionais envolvidos na gestão de escritórios de advocacia, departamentos jurídicos de empresas e agências legais do governo" (ALA, 2020, tradução nossa).

---

* American Bar Association (ABA) é a entidade responsável pela atividade advocatícia nos Estados Unidos, no entanto, sem autoridade regulatória sobre os advogados, ao contrário do peso legal que a OAB tem no Brasil (Vietzen, 2020).

O início dessa atividade é longínquo e desconhecido. Entendemos que deve ter acontecido muito antes desses referenciais que aqui adotamos para o estudo mais disseminado da matéria. A literatura não trata desse ponto de partida, mas, com base nessa singela referência nacional e nas associações internacionais, podemos datar o interesse abrangente na gestão jurídica como área de estudo específica no século XX, particularmente em sua segunda metade.

1.3 As diversas formas de controladoria e a controladoria jurídica

Controladoria não é um conceito somente jurídico; aliás, a controladoria jurídica é mais recente do que outras já conhecidas, como as controladorias contábil e tributária. Por exemplo, *compliance* é um conceito e um braço de atuação da controladoria em prol da gestão empresarial que vem ganhando grande atenção e força nos últimos anos, tanto no governo quanto na iniciativa privada. Literalmente, significa "conformidade", andar de acordo com as normas, por meio de instrumentos normativos e de monitoramento de condutas. Um **programa de compliance** é um programa para implementação e utilização desses instrumentos, e também pode ser traduzido conceitualmente como programa de integridade (Brasil, 2015b). "O *compliance* tem a função de monitorar e assegurar que todos os envolvidos com uma empresa estejam de acordo com as práticas de conduta da mesma. Essas práticas devem ser orientadas pelo Código de Conduta e pelas Políticas da Companhia, cujas ações estão especialmente voltadas para o combate à corrupção" (Moraes; Breyer, 2016). Há pessoas e setores especialmente designados nas organizações, ou terceirizados contratados por elas, para a auditoria contínua das contas e das práticas empresariais, com o objetivo de garantir e atestar sua idoneidade.

Leis e fiscalização mais rígidas procuram coibir casos de corrupção, e as empresas investem na manutenção de sua legalidade no registro de fluxo financeiro, regularidade tributária e em todas as demais áreas. É assim não só por questão de ética, mas para evitar prejuízos maiores em caso de descoberta, que podem traduzir-se em multas, penalidades criminais e desconfiança de investidores.

> **Para saber mais**
>
> CENTRO UNIVERSITÁRIO INTERNACIONAL UNINTER.
> **Código de Conduta Uninter.** Disponível em: <https://www.uninter.com/wp-content/uploads/2020/04/codigo_de_conduta.pdf>. Acesso em: 21 jul. 2020.
>
> Diversas empresas, comprometidas com a ética e objetivando o reconhecimento de seu compromisso, estabelecem rigorosos códigos de ética e de *compliance*. O Centro Universitário Internacional Uninter é um exemplo, e você pode ler o código de conduta para conhecer um modelo de normativas internas dessa natureza. Os tópicos referentes à segurança da informação, à confidencialidade das informações e à existência de um canal de denúncia são alguns dos aspectos mais interessantes do estudo sobre *compliance*.

Dependendo da área de especialidade e do enfoque que se atribui à controladoria, alguns conceitos diferem. Por exemplo, a controladoria contábil tem aspectos distintos de funcionamento em relação à controladoria jurídica.

Ao tratar da controladoria da área financeira de uma empresa, Nogas e Luz (2004) afirmam ser comum referenciá-la como responsável por informações para a tomada de decisão econômica, e também que deve estar em sintonia com as funções principais do processo administrativo, como planejar, organizar, coordenar e controlar.

> Basicamente, a atuação da controladoria implica o processamento (que compreende uma compilação dos dados e, posteriormente, o tratamento para transformá-los em informações), a análise e a distribuição das informações gerenciais, e não necessariamente a responsabilidade pela elaboração dessas informações, que devem ser preparadas e distribuídas oportunamente dentro da entidade. (Luz, 2014, p. 24)

Então, dependendo da área da controladoria a que se refere, há diferentes trabalhos envolvidos. Contudo, de modo geral, a controladoria trabalha com informações disponíveis e as transmite aos administradores em nível superior para que, por meio delas, sejam tomadas decisões (Luz, 2014). No caso da **controladoria jurídica**, a tarefa de gerir informações e verificar o cumprimento de metas e objetivos normalmente não está sozinha, pois envolve também uma gestão do fluxo de trabalho como um todo, com a coordenação e o acompanhamento das rotinas práticas de funcionamento da organização, como veremos adiante.

A controladoria jurídica presta-se ao controle, à produção e à prestação de informações. Assim, ela é responsável por gerar informações (produção) e servir de canal para sua precisa veiculação (prestação), levando a informação completa às pessoas corretas, no tempo adequado. Para que isso aconteça, a controladoria detém o controle das informações, isto é, é responsável pelo gerenciamento delas. Por parte da organização, ela recebe o reconhecimento dessa responsabilidade (sendo o setor procurado para as informações que detém) e o poder necessário (para estabelecer e cobrar metas, prazos e produções).

Figura 1.1 – Controle, produção e prestação de informações: tarefas da controladoria jurídica

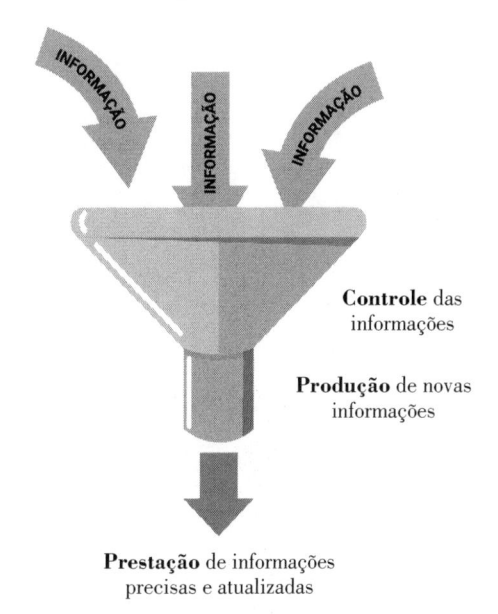

Controle das informações

Produção de novas informações

Prestação de informações precisas e atualizadas

A **produção** das informações iniciais pode ser feita em outras áreas da organização, o que é comum, e então são **gerenciadas** pela controladoria.

Detalhando um pouco mais essas funções, a controladoria jurídica desempenha papel importante em duas frentes: (1) indiretamente com os clientes e (2) diretamente com os trabalhadores da organização.

Quadro 1.1 – Funções internas e externas da controladoria jurídica

Relativa aos colaboradores da organização, como os advogados	Relativas aos clientes
» Centralização do fluxo de informações. » Controle da distribuição de trabalho. » Padronização do fluxo de trabalho. » Padronização de procedimentos. » Registro dos prazos no sistema. » Supervisão do cumprimento das tarefas. » Cobrança para cumprimento de prazos. » Geração de relatórios com os indicadores mais importantes.	» Cadastro de novos clientes. » Contato contínuo para obter e transmitir informações de interesse. » Atualização de dados cadastrais. » Prestação de informações gerais sobre processos (questões técnicas devem ser remetidas ao advogado responsável).

Fonte: Elaborado com base em Albini, 2017.

Contar com a controladoria jurídica em um escritório traz grandes vantagens, pois ela exerce algumas das diversas funções que envolvem o trabalho da advocacia – particularmente as atividades administrativas. Podemos listar algumas dessas vantagens:

1. **A controladoria jurídica cria um diferencial competitivo.** Ao ter um setor profissional pronto para atender a demandas da gestão jurídica, ganha-se em agilidade e em melhor serviço prestado aos clientes.
2. **Melhor organização.** Nem todos os profissionais de escritório – e nem todos os advogados – sabem organizar documentos. Muitas pessoas têm grande dificuldade em declarar o imposto de renda todos os anos, por exemplo, simplesmente porque não sabem onde estão ou onde obter os documentos. Sejam papéis, sejam arquivos eletrônicos,

a controladoria sabe organizá-los de modo a não se perderem e a serem facilmente encontrados.
3. **Controle de prazos.** Se há algo fatal no trabalho da advocacia é o prazo. Não é à toa que, no linguajar jurídico, o último dia para protocolar uma petição é chamado de *prazo fatal*: na maior parte das vezes, a perda desse prazo não tem remédio e pode significar a perda de uma causa. Quem já vivenciou essa consequência sabe que a controladoria, responsável por agendar e cobrar o cumprimento desses deveres, é de valor inestimável.
4. **Aumento da produtividade.** Ao contribuir para estabelecer e manter um fluxo de trabalho, podemos saber – por relatórios de lavra da própria controladoria – onde estão as forças e as dificuldades de cada profissional: Fulano e Sicrano protocolam petições em poucos minutos, mas Beltrano (que as redige de forma eficiente) leva um dia inteiro para protocolar três petições. Com dados como esses em mãos, o líder ou o responsável pode, por exemplo, dar um *feedback* mais estruturado, promover uma capacitação pontual dos profissionais ou, ainda, distribuir as tarefas entre eles de forma a melhor aproveitar seus talentos.

Constatamos, então, a relevância da controladoria jurídica com relação ao papel que exerce em um escritório ou departamento jurídico. Com essas tarefas mencionadas, entre outras, sua presença não é um luxo e muito menos um custo desnecessário, mas um bom investimento, pois agrega à organização em controle e produtividade.

A quantidade de responsabilidades atribuídas à controladoria pode variar em cada organização. Ela pode ter de obedecer a ordens de um superior da organização, por exemplo, e não ter autonomia para cobrar prazo de advogados, ainda que preestabelecidos, sem antes consultar esse superior. O que importa é que os poderes e os limites estejam bem fixados, sejam obedecidos por todos e não causem fragmentação das informações, uma vez que a organização centralizada é a própria razão de ser da controladoria.

É oportuno agora acrescentar que, considerando a quantidade de trabalho, a controladoria jurídica pode contar com uma equipe de apoio para auxiliar na rotina de trabalho. Assim como advogados podem recorrer a profissionais de apoio (como o próprio *controller* jurídico) e estagiários, a organização pode contratar pessoas para atuar no apoio à controladoria jurídica.

Os integrantes dessa equipe de apoio da controladoria jurídica podem ser assistentes e estagiários, os quais executarão as mais diversas funções e rotinas que lhe forem atribuídas pelos seus superiores, conforme suas capacidades e, no caso dos estagiários, seguindo a legislação pertinente ao estágio. Por terem, em tese, menos domínio técnico na área do que os gestores, os assistentes e os estagiários não estarão à frente dos trabalhos, embora possam ser designados para desempenhar atividades que não exigem habilidades específicas, mas que tomam tempo. Entre essas atividades podemos citar, por exemplo, relembrar aos advogados pontualmente, em caso de necessidade e sob orientação do gestor responsável, algumas instruções de trabalho definidas no manual de gestão da organização, bem como inserir informações no sistema com base em *e-mails* enviados pelos advogados, ou mesmo transportar os dados de clientes da ficha física para o cadastro no sistema.

Com uma equipe de apoio, cuja contratação é viável em caso de maior demanda de trabalho, o controlador jurídico pode dedicar-se às funções que somente ele, em razão de seus conhecimentos, tem melhores condições de realizar.

1.4 Hierarquia da controladoria jurídica nas organizações

A controladoria jurídica, idealmente, é um setor ligado diretamente à cúpula da organização ou ao seu mais alto setor administrativo. É independente dos setores técnicos responsáveis em virtude da atividade-fim prestada.

A controladoria subordina-se diretamente aos sócios (ou diretores por eles designados), estando, em regra, no mesmo nível hierárquico que os advogados.

Figura 1.2 – Estrutura hierárquica em uma organização (escritório ou departamento jurídico)

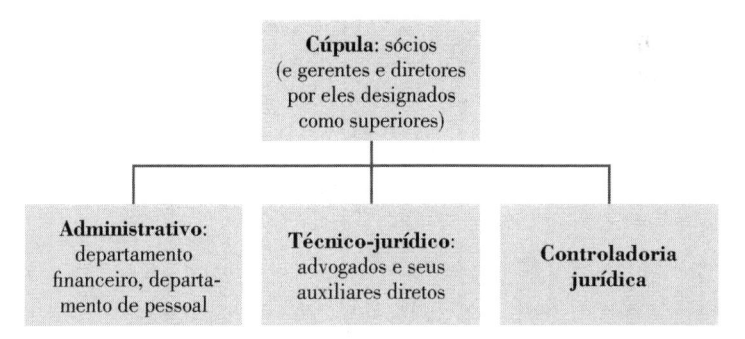

```
                    ┌─────────────────────────┐
                    │ Cúpula: sócios          │
                    │ (e gerentes e diretores │
                    │ por eles designados     │
                    │ como superiores)        │
                    └─────────────────────────┘
         ┌──────────────────┼──────────────────┐
┌─────────────────┐ ┌─────────────────┐ ┌─────────────────┐
│ Administrativo: │ │ Técnico-jurídico:│ │ Controladoria   │
│ departamento    │ │ advogados e seus│ │ jurídica        │
│ financeiro,     │ │ auxiliares      │ │                 │
│ departamento    │ │ diretos         │ │                 │
│ de pessoal      │ │                 │ │                 │
└─────────────────┘ └─────────────────┘ └─────────────────┘
```

Fonte: Elaborado com base em Albini, 2017.

Para facilitar a visualização, o administrativo está representado em um único bloco, mas eles podem ou não constituir setores, órgãos ou departamentos separados em decorrência de suas atribuições. O mesmo ocorre com o corpo técnico-jurídico, que pode ter mais níveis de hierarquia e outras divisões, como por especialidade ou responsabilidades de trabalho, assim como pode haver outros setores na organização e mais níveis hierárquicos. Contudo, nosso foco aqui é o lugar da controladoria jurídica dentro da organização, o que, nesta proposta, mantém-se independentemente da existência de outros órgãos.

É claro, trata-se somente de uma proposta, não de uma verdade absoluta. Uma organização pode adotar uma estrutura diferente. Vejamos, a seguir, outra estrutura possível.

Figura 1.3 – Outra possível estrutura hierárquica em uma organização (escritório ou departamento jurídico)

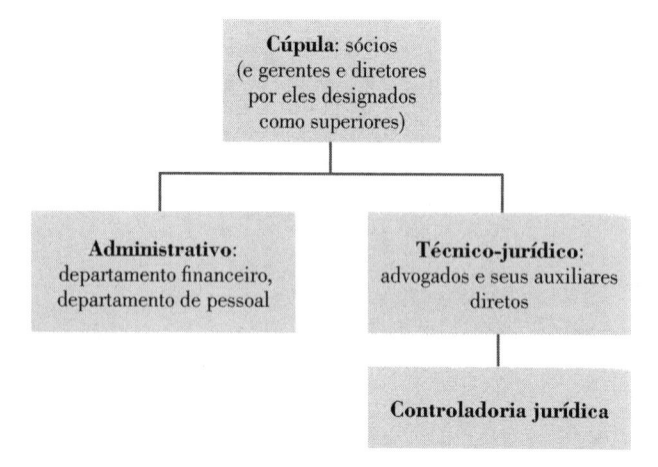

```
                    Cúpula: sócios
                  (e gerentes e diretores
                   por eles designados
                    como superiores)
                ┌──────────┴──────────┐
        Administrativo:          Técnico-jurídico:
    departamento financeiro,    advogados e seus auxiliares
    departamento de pessoal            diretos
                                        │
                              Controladoria jurídica
```

Novamente, pode haver outros setores e níveis hierárquicos, mas, nesse modelo, queremos apenas ressaltar a possibilidade de a controladoria jurídica estar subordinada ao corpo de advogados. Nesse último exemplo, temos os mesmos setores da organização, com a diferença de que a controladoria jurídica está subordinada ao corpo técnico-jurídico do escritório e, assim, é a ele que prestará contas de seu trabalho, e não diretamente à cúpula da organização.

No entanto, esse segundo exemplo de estrutura hierárquica pode não ser a melhor opção, uma vez que a controladoria jurídica realiza um trabalho auxiliar aos advogados em prol da gestão de toda a organização. Por isso, a subordinação da controladoria à cúpula – ou a gerentes ou a diretores por ela designados para gestão geral da organização – seria mais recomendada. Se a controladoria jurídica estiver subordinada aos próprios profissionais que gerencia, dos quais inclusive cobra formas e processos de trabalho, eventualmente pode ter de se submeter, por pressão ou influência, àquilo que os advogados preferem ou àquilo que já estavam acostumados por seu antigo modo de trabalho, mesmo que não seja o melhor para a organização. Nesse sentido, a **independência técnica** da controladoria jurídica deve ser garantida, especialmente em relação aos advogados.

Cabe uma observação: do mesmo modo que recomendamos que a controladoria jurídica não esteja subordinada aos advogados, o corpo de advogados do escritório **não deve** estar subordinado à controladoria jurídica. A hierarquia diz respeito, entre outros fatores, a quem se deve prestar contas, e a controladoria jurídica não determina toda a atuação dos advogados, apenas a gerencia de acordo com os parâmetros de fluxos de trabalho estabelecidos para a organização. Por isso, em princípio, não é razoável que a controladoria jurídica seja superior aos advogados, mas sim que esteja lado a lado com eles, tecnicamente independentes em suas respectivas funções e responsabilidades para com o órgão superior e trabalhando harmoniosamente.

Por falar no que a hierarquia significa, veremos, agora, que a cadeia hierárquica revela duas visões que o gestor deve ter muito claras para si, em seu pensar e agir: responsabilidade e subordinação.

A primeira visão é a de **responsabilidade**. Ao pensar no "quadrado" que representa a controladoria jurídica de uma organização, três coisas devem estar muito claras para você: (1) há pessoas que estão acima de você; (2) há pessoas que estão abaixo de você; (3) há uma responsabilidade que cabe a você, independentemente de quem esteja acima ou abaixo na hierarquia.

Quando se pensa na hierarquia, normalmente se pondera apenas a obediência (sobre a qual falaremos logo a seguir, ao abordarmos a "subordinação"). No entanto, em primeiro lugar, a hierarquia revela não só a quem se obedece ou a quem se deve reportar problemas e resultados, mas também que existe uma tarefa que não cabe a nenhuma outra pessoa, senão àquela que está designada no organograma. Se não houvesse uma necessidade a ser atendida por alguém de maneira específica, com competências e habilidades diferenciadas, não seria criada uma função ou um cargo determinado.

Portanto, ao se observar a cadeia hierárquica, o primeiro ponto a ter em mente, ao encontrar seu cargo ou seu setor nesse gráfico, é que a organização tem uma necessidade e que você é o responsável por a atender. Isso não cabe àquele que está abaixo nem àquele que está acima, por melhores que sejam. Com esse pensamento claro, por consequência, seu trabalho terá maior significação aos seus próprios olhos e não permitirá que os resultados, bons ou ruins, sejam atribuídos a outros, uma vez que passa a conhecer e delimitar sua esfera de responsabilidade.

A hierarquia desvela, ainda, uma segunda visão: a de **subordinação**. Ser subordinado é um fato a ser aceito quando há pessoas em posição mais elevada do que outra. Entretanto, é possível ser um colaborador que recusa a subordinação, sendo desrespeitoso e seguindo os seus parâmetros, não as ordens de seu superior. Essa pessoa tem a posição de subordinada, mas seu andar não é condizente.

O *controller* jurídico, é certo, deve ter conhecimentos de gestão estratégica, de gestão de pessoas e do Direito – especialmente das áreas atendidas pela organização. "Não se exige que o gestor de um departamento jurídico de uma corporação conheça, de forma profunda, todas as áreas do Direito. Algo humanamente impossível. Contudo, deve, sim, ter conhecimentos genéricos de todos os principais temas jurídicos básicos" (Ueda, 2019).

Com todo o seu saber, adquirido ao longo do ensino formal ou na experiência cotidiana, é possível que existam sugestões de correção e de melhoria que podem auxiliar a organização. Pelo respeito à hierarquia, essas ideias devem ser antes apresentadas ao superior para receber a aprovação ou não. Assim, não deve ser implementada uma mudança substancial de processo sem o aval do superior, ainda que esse processo ocorra sem interferência nos demais setores.

Nas sugestões que vier a dar e em outras intervenções que tiver para contribuir, cuide-se ainda para não esbarrar na competência de outras pessoas e outros setores. Estes, embora não estejam em posição mais elevada, têm direito ao mesmo respeito.

Como gestor, você pode ter em mente ideias e projetos sobre gestão de pessoas, gestão estratégica de outros processos, arquivamento digital de documentos e mesmo sobre o *marketing* e a imagem da organização. Tenha paciência para não opinar em todas as coisas, muito menos prematuramente, como recém-contratado ou sem conhecer a fundo o negócio – e especialmente se outros são contratados para fazer essas funções.

Precisamos saber que tudo tem seu devido tempo. Por vezes, convém suportar uma pequena divergência em relação àquilo que você pensa, ou esperar até ter um pensamento mais bem desenvolvido, e só então tratar do assunto que vem à mente. Conhecer seu nível de responsabilidade, o nível de subordinação e o respeito que pauta esses dois níveis é essencial para entender seu papel na organização: saber o que é esperado que se faça e o que é esperado que não se faça.

Síntese

Neste capítulo, abordamos as noções gerais da controladoria jurídica, bem como o que esse setor representa dentro de uma empresa e sua função de auxiliar o desempenho do escritório ou departamento jurídico, por meio de uma gestão eficaz.

Tratamos também da proposta de posição hierárquica da controladoria jurídica: imediatamente após a cúpula de sócios (ou diretores de área por eles designados), ao lado do corpo técnico-jurídico da organização. Dessa maneira, resguardam-se os deveres e as responsabilidades da controladoria jurídica, ao mesmo tempo que há margem de atuação para, por exemplo, cobrar tarefas dos advogados.

Questões para revisão

1) A controladoria jurídica pode ser exercida por profissionais de gestão ou advogados com conhecimentos da administração, além de pessoas de outras áreas capacitadas para atuação no auxílio à gestão jurídica. Sobre a controladoria jurídica, analise as assertivas e, em seguida, assinale a alternativa correta:

I. Com o apoio da controladoria jurídica, o advogado pode dedicar-se à parte técnica, ao passo que a gestão jurídica fica nas mãos de pessoas especializadas.

II. Com a gestão jurídica nas mãos de uma pessoa ou equipe específica, a organização perde em produtividade, qualidade e foco.

III. *Controller* jurídico é uma nomenclatura comum para a pessoa que exerce a controladoria jurídica.

a. São corretas apenas as assertivas I e II.
b. São corretas apenas as assertivas I e III.
c. É correta apenas a assertiva III.
d. É correta apenas a assertiva II.
e. São corretas apenas as assertivas II e III.

2) Quais tarefas, entre outras, são próprias da controladoria jurídica de um escritório?

I. Elaboração de recursos judiciais, como a apelação.
II. Acompanhamento de publicações nos diários oficiais.
III. Cadastro de clientes e processos.
IV. Controle do cumprimento de prazos.

a. Estão corretos apenas os itens I e II.
b. Estão corretos apenas os itens I, II e III.
c. Estão corretos apenas os itens II e III.
d. Estão corretos apenas os itens II, III e IV.
e. Estão corretos apenas os itens I, II e IV.

3) No bojo do conceito de hierarquia, estão imbuídos os princípios de subordinação e de responsabilidade. Assim, para cada descrição a seguir, indique "S" (subordinação) ou "R" (responsabilidade) e, depois, assinale a sequência correta:

( ) É possível afirmar que, se não houvesse uma necessidade a ser atendida por alguém de maneira específica, com competências e habilidades diferenciadas, não seria criada uma função ou um cargo determinado.

( ) Nas sugestões que vier a ter, cuide-se para não esbarrar na competência de outras pessoas e setores.

( ) A organização tem uma necessidade e é você a pessoa incumbida de atendê-la.

( ) Tenha paciência para não opinar em todas as coisas, muito menos prematuramente.

a. R, S, R, S.
b. S, R, R, S.
c. S, S, R, R.
d. R, R, S, S.
e. S, S, S, R.

4) Qual posição hierárquica ocupa a controladoria jurídica, segundo a proposta recomendada nesta obra?

5) Em que o trabalho da controladoria jurídica contribui para um escritório ou um departamento jurídico?

Questões para reflexão

1) O departamento jurídico de uma empresa contratará duas pessoas para iniciar a gestão profissionalizada dos trabalhos jurídicos. Qual a formação ideal recomendada para esses candidatos?

2) Um escritório de advocacia pode terceirizar a controladoria jurídica? Isto é, pode ser contratada uma pessoa ou uma empresa sem relação direta com o escritório para realizar a gestão do trabalho?

II

Conteúdos do capítulo:

» Introdução à gestão jurídica.
» Ferramentas gerais da administração.

Após o estudo deste capítulo, você será capaz de:

1. entender a utilidade da gestão jurídica;
2. utilizar ferramentas clássicas da administração úteis para o planejamento e a organização na gestão jurídica;
3. aplicar técnicas da gestão jurídica à prática de escritórios e de departamentos jurídicos.

Depois de compreendermos o panorama inicial da controladoria jurídica e sua posição em uma organização jurídica, chegou a hora de analisarmos seu papel e suas funções, ou seja, a gestão jurídica propriamente dita.

Gestão jurídica: parte 1

Nesse contexto, ainda abordaremos a cooperação com advogados de outras cidades e as esferas de atuação por meio da logística jurídica. Veremos também a utilização de ferramentas de planejamento estratégico aplicadas à gestão jurídica.

2.1 Noções gerais da gestão jurídica

A qualidade técnica dos advogados é o mínimo esperado pelos seus clientes. É verdade que alguns advogados são mais conceituados do que outros, mas o esmero na produção jurídica é básico e fundamental: um trabalho de qualidade é o mínimo que deve ser oferecido.

O escritório deve contar com profissionais diligentes, tecnicamente aptos a atender os clientes com clareza e presteza, redigir boas petições e realizar audiências no uso da melhor técnica jurídica e preparação prévia. Se não reunir essas qualidades, não há expectativa de sobrevida, porque não cumpre o próprio conceito que o mantém: prestar serviços jurídicos.

Como o serviço advocatício de qualidade é o mínimo esperado, a **diferenciação** que pode atrair e fidelizar clientes está na controladoria jurídica. Por isso podemos afirmar que a melhor forma de um escritório jurídico destacar-se é por meio da gestão.

Com a boa gestão, os diferenciais da prática diária são muitos. Podemos mencionar, por exemplo:

» As informações dos processos, quando solicitadas pelos clientes por escrito, pessoalmente ou por telefone, são confiáveis e de fácil acesso, sem precisar perguntar: "Fulano, a informação do processo tal está atualizada aqui no sistema?".

» Qualquer advogado pode atender ao caso do cliente em razão de saída, doença ou férias do principal advogado da causa, pois terá em mãos todas as informações sobre movimentação processual, tentativas de acordo, contatos feitos com o advogado da outra parte, tudo registrado em um sistema ou em uma planilha.

» Em caso de ausência do advogado quando buscado por um cliente, recados foram anotados, estão centralizados e são repassados imediatamente ao interessado para retorno o mais rápido possível.

O profissionalismo trazido pela dedicação de um gestor melhora o fluxo interno de trabalho e a imagem da organização perante os clientes e entre seus próprios funcionários (público externo e interno).

Passemos, a seguir, ao exame de algumas ferramentas gerais da administração aplicáveis à gestão jurídica.

2.2   A logística jurídica

Podemos conceituar *logística jurídica* como a "contratação de uma empresa especializada que oferece todo o suporte para a realização de diligências e audiências em todo país" (Martins, 2018). Isso significa que, ao nos referirmos à logística jurídica, estamos falando de um advogado, de um escritório de advocacia ou de um departamento jurídico que contrata advogados externos para realização de trabalhos. Normalmente, essa contratação ocorre quando é necessário realizar uma diligência (isto é, uma atividade qualquer) em outra cidade ou estado no qual o escritório de advocacia ou departamento jurídico não está presente, precisando, portanto, de alguém que o faça em seu lugar.

Os profissionais contratados são chamados de *advogados correspondentes*, ou simplesmente **correspondentes**. Eles podem ser contratados pontualmente ou ser parceiros.

O quesito principal para decidir realizar parcerias com correspondentes, ou simplesmente contratá-los pontualmente, quando surgir necessidade, é a quantidade de demandas externas. Por exemplo, um advogado que atua somente em causas de família na cidade de Maceió provavelmente não tem necessidade contínua de realizar diligências em outras cidades ou estados e, portanto, pode procurar e contratar um advogado de outro local somente à medida que surgir a necessidade. Para fazê-lo, pode pedir indicação de um colega que conheça profissionais de outros lugares ou procurar em páginas na internet que agregam cadastros de advogados correspondentes e opiniões de pessoas que já os contrataram.

Já a **parceria** tenderá a ser mais vantajosa quando houver maior volume de trabalho para o advogado ou para o escritório correspondente. Empresas com atuação em mais de um estado comumente precisam de correspondentes jurídicos. Como exemplo, tomemos uma empresa de alimentos situada em São Paulo, município no qual também está seu departamento jurídico, mas cujos alimentos produzidos são distribuídos em todo o país. Seria inviável a empresa ter advogados empregados em todo o Brasil, tanto em termos de custos quanto na gestão centralizada de tantos profissionais ao redor do país. Por isso, o mais comum é que a empresa, por meio de seu departamento jurídico, mantenha parcerias com escritórios de advocacia, os quais representarão a empresa em processos nas diferentes regiões do país. Assim, por exemplo, se um consumidor no Acre ajuíza um processo contra a empresa de alimentos, esta, em vez de enviar um advogado de seu quadro em São Paulo até lá para os atos processuais, recorre a um escritório de advocacia parceiro ou, se não tiver parceiro na região, pode contratar à parte um advogado correspondente. A empresa de alimentos se encarregará, então, de encaminhar as informações necessárias sobre os fatos, ao passo que aos advogados locais compete elaborar a defesa técnica, representando a empresa em protocolo de peças processuais, audiência etc., tudo sempre formalizado, com contrato de prestação de serviços e procuração.

A parceria pode envolver remuneração fixa, remuneração variável, prestação mútua de serviços, entre outras possibilidades de parceria.

É importante frisar que:

> *Apesar da dinâmica desta atividade acontecer externamente, isto é, fora do departamento, seu acompanhamento deve ser feito na parte de dentro. É obrigatório para uma boa estratégia, por exemplo, ter indicadores como:*
> » *Histórico da taxa de vitória de cada terceiro/correspondente;*
> » *Histórico do número de interações feitas com cada terceiro/correspondente;*
> » *Histórico de custo por vitória de cada terceiro/correspondente.* (Fachini, 2017)

Por meio desse acompanhamento, é possível aferir se a relação com cada correspondente é ou não vantajosa. Se, pela análise da qualidade e do desempenho do trabalho do correspondente, ficar demonstrada uma relação não satisfatória, deve-se orientar melhor o trabalho do correspondente, direcionando-o conforme esperado, ou deixar de contratá-lo e buscar outro correspondente. Assim, ter correspondentes jurídicos não exime o escritório ou departamento jurídico de ter advogados e gestores diretamente empregados, pois, mais do que nunca, faz-se necessária uma organização centralizada. Para isso, a organização jurídica contratante e o correspondente precisam manter comunicação constante: a organização contratante deve enviar as informações necessárias para subsidiar as diligências que o correspondente deve realizar, e o correspondente deve manter a organização contratante sempre a par dos trabalhos contratados (petições que protocolar, audiências em que participar e seu resultado, acordos que realizar em processos etc.), seguindo a forma e o prazo das comunicações combinados por escrito entre as partes.

Outra possibilidade é se valer de advogados externos para auxílio em causas que envolvam assuntos alheios à especialidade do escritório. Por exemplo, um escritório de advocacia na área tributária atende uma empresa cliente na parte fiscal; porém, surge um detalhe que exige conhecimento da parte trabalhista da empresa. Como os dois assuntos estão, no caso, interligados, o próprio escritório tributário pode recorrer a um advogado ou a um escritório trabalhista para auxiliar no trabalho.

Quando um escritório jurídico contrata profissionais externos para lidar com uma causa para a qual foi contratado, mesmo que seja praxe, esse fato deve ser transparente para o cliente – e deve, inclusive, ser autorizado previamente se envolver transmissão de informações sensíveis ou aumento do custo do trabalho. O mesmo vale para a contratação de profissional de outras áreas que se mostre necessária, como um administrador, um contabilista ou um perito documental.

A forma de realizar a logística jurídica em quaisquer casos em que seja necessária – em razão do local do processo ou da especialidade da causa – é a mesma: por meio de contratação pontual de um profissional ou de parcerias. Lembramos que os termos para a formação de parcerias podem envolver, conjuntamente ou não, a remuneração, a prestação recíproca de serviços, a divulgação do trabalho e outras formas de estabelecer uma relação vantajosa para ambos.

Com isso, compreendemos que a logística jurídica, ou a gestão da correspondência jurídica (ou seja, de advogados correspondentes) começa pela escolha de profissionais (por indicação de colega ou busca em página da internet, por exemplo) e exige comunicação clara e em tempo adequado. Nesse sentido, é preciso combinar expressamente a forma e o tempo de transmitir informações entre o contratante e o correspondente (por exemplo, para uma tarefa pontual de participar em audiência de processo, é possível combinar com o correspondente: enviar mensagem para o *e-mail* tal, com cópia para o *e-mail* tal, logo após o encerramento da audiência, com a síntese das informações pertinentes, do resultado, junto da ata digitalizada, para registro do escritório e providências necessárias). Toda essa atividade da gestão pode estar sob a responsabilidade da controladoria jurídica, mas sempre em conjunto com os advogados responsáveis pelos respectivos clientes e pelas causas envolvidas, pois são estes – os profissionais técnico-jurídicos – que decidem as estratégias e as informações necessárias para cada caso e que devem ser transmitidas aos profissionais externos contratados para permitir seu correto trabalho.

A correspondência é finalizada, em cada processo, com a entrega do resultado (diligências realizadas pelo correspondente, devidamente informadas e registradas) e com o pagamento (ou outra forma combinada de contraprestação pelo trabalho).

Assim, convém ainda manter um índice de desempenho sobre cada correspondente, especialmente se o escritório ou departamento jurídico tiver grande volume de demandas por correspondentes.

2.3 Ferramentas gerais de planejamento e organização

Elencaremos, aqui, algumas ferramentas clássicas da administração que servem à organização e ao planejamento de maneira mais prática e, assim, contribuem à sua formação dentro da gestão jurídica. Trata-se de recursos consagrados na administração estratégica, escolhidos em virtude de sua abrangência e de sua pertinência à controladoria jurídica, mas não são os únicos. Na verdade, praticamente toda e qualquer ferramenta de planejamento e todo conhecimento sobre administração pode ser empregado de forma útil na gestão de um escritório ou departamento jurídico.

Praticamente tudo o que realizamos pode ser visto como **processos**, isto é, passos ou fases sistematicamente encadeadas com vistas a um resultado pretendido. Dizemos isso porque, de maneira geral, as ferramentas administrativas nos auxiliam a enxergar o trabalho de maneira **lógica**, isto é, na forma de processos bem sequenciados – ou, então, servem para melhorar ou corrigir tais processos.

Vejamos a seguir, portanto, algumas das ferramentas da administração que podem ser aplicadas na controladoria jurídica.

2.3.1 PDCA

O PDCA é uma ferramenta para a melhoria contínua de processos. A sigla PDCA traz as iniciais de cada ciclo utilizado pela ferramenta, em inglês: *plan, do, check* e *act*.

Seleme e Stadler (2012, p. 28-29, grifo do original) explicam assim cada divisão dessa metodologia:

> **P → *Plan*: planejar** – *É utilizado para se definirem os objetivos a serem alcançados na manutenção ou na melhoria dos métodos e dos processos que servirão para se atingirem as metas propostas.*
>
> **D → *Do*: fazer, executar** – *É a realização da educação e dos treinamentos necessários à execução das atividades que servirão para se atingirem os objetivos e efetivamente a execução das atividades que compõem os processos e a realização da manutenção e das medições de qualidade.*
>
> **C → *Check*: verificar** – *É a averiguação dos resultados das atividades executadas, comparando-se as medições realizadas com os objetivos estabelecidos. Procede-se, portanto, à análise em direção à melhoria.*
>
> **A → *Action*: agir** – *Em função da análise anterior, essa parte compreende a realização das correções dos desvios apresentados em relação aos objetivos e a eliminação de problemas de acordo com os parâmetros já definidos ou, se necessário, com novos padrões estabelecidos.*

Uma adaptação das palavras para o português, para termos a mesma sigla (PDCA), é: planejar, desenvolver, controlar e ajustar (Seleme; Stadler, 2012).

Antes de adentrarmos em um exemplo, podemos visualizar melhor o ciclo na figura a seguir.

Figura 2.1 – O ciclo PDCA, conhecida ferramenta do planejamento estratégico

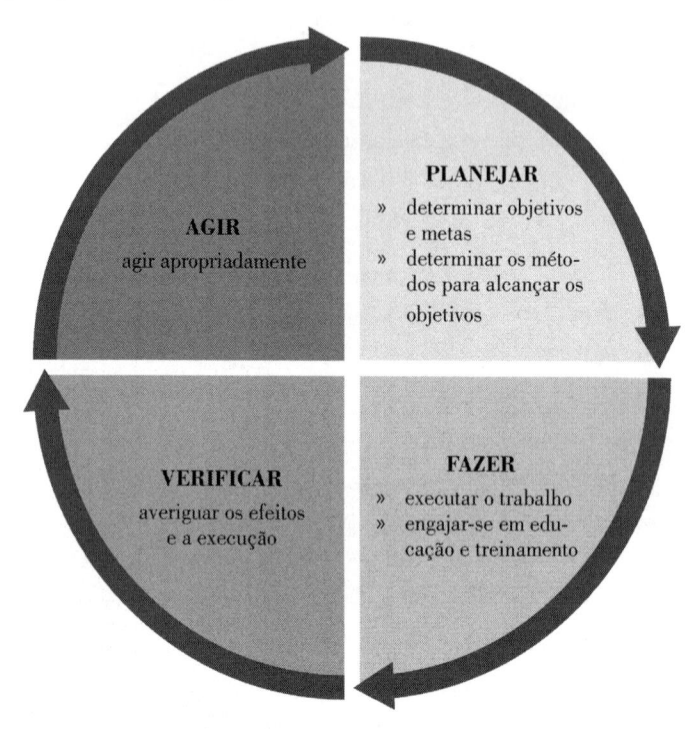

PLANEJAR
» determinar objetivos e metas
» determinar os métodos para alcançar os objetivos

AGIR
agir apropriadamente

VERIFICAR
averiguar os efeitos e a execução

FAZER
» executar o trabalho
» engajar-se em educação e treinamento

Fonte: Seleme; Stadler, 2012, p. 28.

Seguir esses passos, de maneira cíclica, permite a correção de problemas e a melhoria contínua dos processos. Como exemplo, suponha que a controladoria jurídica do escritório de advocacia Jonas da Silva Advogados Associados, com a autorização dos diretores, propôs implantar uma nova planilha para controle de clientes e processos. Para isso, como é uma boa prática executar o PDCA em todo processo de mudança e busca de melhoria, foram seguidos os passos propostos pela ferramenta.

Isso está descrito no quadro exposto a seguir.

Quadro 2.1 – *Aplicação da ferramenta PDCA*

Exemplo de aplicação da PDCA na adoção de uma nova planilha de cadastros em um escritório de advocacia		
Etapa	Sigla	Descrição no caso
Planejar	P	Foi planejado o novo modelo de planilha de controle de processos e clientes.
Fazer	D	Foi efetivamente elaborada a planilha planejada, os novos processos e clientes foram cadastrados na ferramenta antiga e, como forma de testes, também na nova planilha.
Verificar	C	Depois de um mês, foram comparadas as informações da ferramenta antiga, que já tinha o funcionamento atestado, e o da nova ferramenta, para verificar se, nela, os processos e os clientes foram cadastrados e armazenados corretamente, se os advogados que operaram o sistema aprovaram a usabilidade, se a busca das informações estava correta, se ela trazia alguma melhoria em relação à forma anterior – entre outros critérios mensuráveis ou observáveis de verificação. Foi constatado que um processo judicial assumido pelo escritório constava na ferramenta antiga, mas não na nova ferramenta em testes. Em conversa com o advogado que assumiu o processo, foi revelada a causa: o cliente estava com o processo já em andamento na justiça, mas o advogado anterior faleceu, e o advogado buscou por Jonas da Silva Advogados Associados; como a ferramenta nova não permite cadastro de processos que chegam ao escritório já em andamento, ele não o cadastrou e se esqueceu de avisar.

(continua)

(Quadro 2.1 – continuação)

Exemplo de aplicação da PDCA na adoção de uma nova planilha de cadastros em um escritório de advocacia		
Agir	A	Foi feito um ajuste na planilha que permite o cadastro de processos que chegam ao escritório já em andamento. Também foi adicionado um botão novo na planilha, chamado de *Reportar problema*, pelo qual o usuário é direcionado a entrar em contato direto com o Setor de Controladoria, ou enviar um *e-mail*, evitando assim o simples "não fazer e resolver depois", o que pode acarretar esquecimento.
Planejar	P	A controladoria jurídica decidiu realizar um novo período de testes, de um mês, para teste da ferramenta após os ajustes realizados.
Fazer	D	Novamente, os advogados foram orientados a cadastrar os novos processos não só na ferramenta antiga, mas também, como testes, na ferramenta nova.
Verificar	C	Depois de outro mês, foram comparadas as informações da ferramenta antiga, que já tinha o funcionamento atestado, com o da nova ferramenta, para verificar se a nova versão atendia ao esperado, de manter a precisão dos cadastros ao mesmo tempo em que trazia benefícios em termos de critérios mensuráveis ou observáveis previamente estabelecidos como objetivo. Ficou comprovada a eficácia da ferramenta, tendo sido cadastrados os processos e os clientes corretamente (adotando-se a base de dados da ferramenta antiga como comparação), o que proporcionou mais informações e buscas mais rápidas e eficientes em relação à ferramenta antiga, segundo percepção da controladoria jurídica, que elaborou a ferramenta, e dos advogados que a utilizam.

(Quadro 2.1 – conclusão)

Exemplo de aplicação da PDCA na adoção de uma nova planilha de cadastros em um escritório de advocacia		
Agir	A	Com o funcionamento atestado para novos processos e clientes, a controladoria jurídica passou a importar os dados da ferramenta antiga e orientou os advogados a utilizar a ferramenta nova como padrão, mas mantendo, por um mês, também os cadastros na ferramenta antiga, para assegurar a solidez das informações durante a adoção de uma ferramenta nova e que, portanto, ainda estava em testes.
Planejar	P	A controladoria jurídica planejou continuar com os treinamentos da nova ferramenta, ao mesmo tempo em que motivava os advogados (que estavam resistentes à mudança) para a novidade, explicando vantagens e benefícios. Foi planejado também um *backup* mais frequente dos dados lançados na nova ferramenta, para garantir a segurança das informações em caso de comportamento inesperado ou comprometimento da planilha por erros humanos.
Fazer	D	A planilha tinha *backups* diários, assegurando as informações ali contidas. Como os advogados não reportaram qualquer problema durante o outro mês de testes, foi mantida somente a planilha nova, e a antiga ferramenta permaneceu guardada apenas para eventual necessidade.

Nesse exemplo, o PDCA foi adotado em um processo de implantação de um novo sistema no escritório jurídico, de forma que se assemelhou a uma fase de testes de *software* – e não deixou de ser justamente isso, buscando uma implementação final livre de falhas por meio de diversas fases de testes e correções. Em aplicação análoga, praticamente qualquer processo de mudança, implementação de novidade, melhoria ou correção de atividades, métodos, ferramentas e funções pode ser beneficiado pelo PDCA, tal como nos passos exemplificados. Os processos foram detalhados no quadro visto anteriormente de maneira não muito objetiva, porém mais didática. O detalhamento de informações em cada fase do PDCA pode ser maior ou menor, dependendo do caso concreto – mas sempre devem ser por escrito e muito claros.

A quantidade de ciclos pode ser infinda – a menos que se pense que a perfeição foi alcançada! No entanto, a adoção consciente do PDCA pode durar um, dois ou alguns ciclos apenas, sendo descartada depois que o processo estiver robusto e solidificado, dependendo, em primeiro lugar, do interesse em manter o controle e a melhoria de algum processo em especial – como nesse caso de implementação de uma novidade.

> *Na realidade, o movimento cíclico do PDCA pode identificar novos problemas ou avanços a cada ciclo realizado, com vistas à melhoria contínua. Isso se deve ao fato de que muitos problemas somente são visíveis após a realização de um ciclo anterior. Por exemplo, o real problema apresentado na deformação de um material plástico, danificado na ocasião de seu manuseio, poderia ser uma falha na própria resistência do material, em vez de um manuseio inadequado.* (Seleme, Stadler, 2012, p. 29)

Finalizada a análise da ferramenta PDCA, passamos, agora, a conhecer outros recursos que podemos aplicar no planejamento.

2.3.2 5W2H

O 5W2H é uma ferramenta de planejamento. "A ferramenta 5 Ws e 2 Hs traduz a utilização de perguntas (elaboradas na língua inglesa) que se iniciam com as letras *W* e *H* [...]. As perguntas têm como objetivo gerar respostas que esclareçam o problema a ser resolvido ou que organizem as ideias na resolução de problemas" (Seleme, Stadler, 2012, p. 42, grifo do original).

O 5W2H é, basicamente, um modo organizado e completo para elaborar um **plano de ação**.

Um plano de ação, por sua vez,

> *é um documento utilizado para fazer um planejamento de trabalho necessário para atingimento de um resultado desejado ou na resolução de problemas.*
>
> *Esse documento geralmente é criado no formato de uma planilha (eletrônica ou mesmo de papel), contendo informações como objetivos, ações e responsáveis com suas respectivas datas de entregas.* (Paula, 2016)

O 5W2H, então, é uma ferramenta estratégica para o planejamento de ações, estruturado e detalhado em suas atividades. Seu nome se deve à primeira letra de cada palavra-chave desse plano de ação. Confira suas particularidades no quadro a seguir.

Quadro 2.2 – Significado de 5W2H

Pergunta	Significado	Pergunta instigadora	Direcionador
What?	O quê?	O que deve ser feito?	O objeto
Who?	Quem?	Quem é o responsável?	O sujeito
Where?	Onde?	Onde deve ser feito?	O local
When?	Quando?	Quando deve ser feito?	O tempo

(continua)

(Quadro 2.2 – conclusão)

Pergunta	Significado	Pergunta instigadora	Direcionador
Why?	Por quê?	Por que é necessário fazer?	A razão/o motivo
How?	Como?	Como será feito?	O método
How much?	Quanto custa?	Quanto vai custar?	O valor

Fonte: Seleme; Stadler, 2012, p. 42.

"Originariamente, havia somente 5 Ws e 1 H. Um último H para representar *how much* foi acrescentado posteriormente ao método a fim de fundamentar financeiramente a decisão tomada com base no critério dessa ferramenta, a qual se transformou, então, em 5 Ws e 2 Hs" (Seleme, Stadler, 2012, p. 42, grifo do original).

Assim, utilizando a ferramenta com seus 5 Ws e 2 Hs, podemos, por exemplo, pensar em um escritório de advocacia cujos sócios desejam **profissionalizar a gestão**. Eles próprios não se sentem capazes de planejar uma nova gestão, tampouco têm como viável a contratação de um advogado para executá-la nem pretendem deslocar as atividades de um advogado associado para tanto – área em que nenhum deles tem domínio.

Dessa maneira, após discutirem brevemente e decidirem contratar um profissional de gestão, sabem que não basta começar um processo seletivo para contratação. Por esse motivo definem o 5W2H.

Quadro 2.3 – *Aplicação do 5W2H para a necessidade de contratação de profissional de gestão jurídica*

Pergunta instigadora	Resposta obtida
O quê?	Contratação de profissional para a gestão jurídica do escritório.
Quem?	Belino Cabral, sócio do escritório.
Onde?	No escritório de advocacia.
Quando?	A necessidade é imediata. Com base nisso, estabelecemos: » contratação da empresa de recursos humanos até o dia 20 de setembro de 2020; » apresentação de candidatos finais para entrevista no escritório até o dia 20 de outubro de 2020.
Por quê?	Para profissionalizar a gestão do escritório, evitando erros de cadastro, agilizando atendimentos e permitindo um melhor direcionamento das atividades dos advogados com base no melhor controle das atividades.
Como?	Por meio de processo seletivo realizado por empresa de recursos humanos, visto que os advogados não precisarão preocupar-se com recebimento e análise de currículos e outras etapas de recrutamento que demandam tempo e trabalho, além da melhor qualidade de seleção que uma empresa especializada pode proporcionar.
Quanto custa?	O processo seletivo por empresa terceirizada custará em torno de R$ 3.000,00, com base no valor de mercado estimado na região, a ser confirmado mediante pesquisa para contratação da empresa. Quanto ao novo funcionário a ser contratado: R$ 4.000,00 por mês, sendo R$ 2.000,00 de salário, e o restante, outros R$ 2.000,00, de encargos trabalhistas e previdenciários próprios da contratação.

O planejamento de ações pode parecer tomar algum tempo – e, de fato, toma. No entanto, o tempo gasto para planejar se revela sabiamente utilizado ao poupar a gestão de aborrecimentos e percalços desnecessários que fatalmente se apresentariam com a falta de planejamento.

Com base nesse planejamento, vejamos alguns comentários sobre o preenchimento de cada pergunta. Confira o quadro a seguir.

Quadro 2.4 – Explicação da ferramenta 5W2H

Como elaborar corretamente a resposta para cada pergunta	
Pergunta instigadora	Comentário
O quê?	É o cerne da ação, a tarefa principal, a base de se pensar em todo o planejamento. Deve ser clara e objetiva, conforme os exemplos a seguir: "Comprar um carro de até R$ 30.000,00 para os advogados visitarem os clientes" – embora o custo tenha o campo próprio, se o valor faz parte do próprio objetivo pretendido, pode e deve constar já aqui também. "Contratar serviço de *software* de gestão jurídica para a gestão do escritório". "Adquirir livros para a biblioteca do departamento". "Registrar todos os equipamentos e móveis acima de R$ 100,00 de propriedade da empresa" – para fins de controle de patrimônio, fato que deve constar no campo "Por quê?". Todas são ações mais ou menos complexas, que dependem dos critérios definidos nos demais campos!

(continua)

(Quadro 2.4 – continuação)

Como elaborar corretamente a resposta para cada pergunta

Pergunta instigadora	Comentário
Quem?	Deve ser **uma pessoa**, sempre uma pessoa. Não uma equipe, muito menos um setor. Caso a ação deva ser realizada por uma coletividade, é de se pensar em: (a) dividir essa única ação em ações menores, bem delimitadas em termos de "Quem?", ou (b) atribuir a ação ao líder, que responde pessoalmente pela consecução dos objetivos perante seu superior e, portanto, é claro, terá de fiscalizar e exigir das pessoas que executam cada tarefa. Também se deve evitar nomear somente o cargo, especificando, sempre, o nome do responsável. A regra de só haver uma única pessoa física responsável evita um problema muito comum que pode acontecer caso duas ou mais constem como responsáveis e ocorra um atraso, um erro ou uma falta: "Tal tarefa não era minha", ou "Tal tarefa não era só minha". Sendo **um** o responsável, não há respaldo para que ele busque a culpa em outros.
Onde?	Em uma ação executada em uma empresa, essa pergunta não precisa de uma definição exata da sala em que será feito o planejamento, por exemplo, sendo suficiente citar a empresa ou o setor, sem receio de parecer uma resposta vaga ao critério. Todavia, se o local for preciso, ele deve constar aqui. Veja: se a ação envolver visitas a empresas clientes para apresentação de portfólio de soluções empresariais e tributárias, o "onde" pode ser: "Comércio de Lãs Royal, gerido por Renata Sobelo, à Rua 19 de Dezembro, n. 200, bairro Porto; Confecção de Roupas Íntimas Indômito, gerida por Tiago Joia, à Avenida Burle Marx, n. 500, bairro Jardim etc.".

(Quadro 2.4 – continuação)

Como elaborar corretamente a resposta para cada pergunta	
Pergunta instigadora	**Comentário**
Quando?	Sempre deve ser uma data exata ou com base em outro evento delimitado e calculável com exatidão. O ideal é constar a data, por exemplo, 22 de dezembro de 2022. Se isso estiver atrelado a um evento – como a divulgação de um comunicado no fim de um evento desportivo –, deve constar, além da data exata, tal informação – por exemplo, "um dia após o encerramento dos Jogos Paraolímpicos de 2024".
	A data deve ser precisa! Não devemos utilizar termos vagos nem estabelecer como parâmetros eventos que não estejam ligados com o objetivo, como "logo depois da festa junina", "quando a filha do sócio-diretor voltar de viagem". Tampouco, de modo algum, devemos usar "uma semana após…", ou "um mês antes", em razão de dúvida: "Uma semana é exatamente no mesmo dia da semana do evento, ou pode ser qualquer dia da semana? E um mês depois, significa no mesmo dia do mês da data considerada, ou pode ser até o final do mês?" A data deve ser a mais precisa possível e, quando possível, justificada em algum campo do formulário – por exemplo, "a ação de gerar os relatórios e conferi-los deve estar completa no dia 1º do mês porque o Setor Financeiro precisa que essa ação esteja finalizada nesse dia para realizar o pagamento do mês de todos os funcionários no prazo". Se a ação for mais genérica e complexa, como uma manutenção da fachada do escritório, o responsável pela contratação do obreiro pode definir com seu gerente ou superior um prazo dentro de determinada **semana** ou **mês**, em vez de um dia exato, e executar a contratação e a fiscalização do obreiro conforme esses limites.

(Quadro 2.4 – continuação)

Como elaborar corretamente a resposta para cada pergunta	
Pergunta instigadora	**Comentário**
Quando?	Nessas ocasiões, recomendamos que o "Como" especifique marcos temporais, por exemplo: compra de todos os materiais necessários até o dia 5; toda a pintura deve estar pronta até o dia 10; a instalação da nova placa, já entregue, deve ocorrer até o dia 15; os acabamentos devem ser feitos até o dia 25; a entrega completa do serviço deve ocorrer até o final do mês, sob pena de multa (a ser estabelecida em contrato).
Por quê?	É o motivo (razão) e a motivação (despertar de interesse) para a consecução da ação. Se a ação é realmente relevante, especialmente se exigir muito esforço, seu porquê deve estar explicitado para o responsável por ela.
Como?	Trata-se do modo, do norte, da orientação do procedimento a ser adotado para executar a ação como se espera. Se é uma ação padrão, o "como" deve também estar padronizado e, dentro do possível, detalhado. Caso seja uma ação mais aberta, que envolve criatividade em sua execução, aquele que faz o planejamento (se não for o próprio que irá executar) pode estabelecer diretrizes gerais, mas deve evitar limitar o executor, a fim de não restringir a busca de boas soluções nem desmotivá-lo, acima de tudo planejando com base em um bom resultado conforme os parâmetros éticos e outros critérios importantes que possam ser considerados.

(Quadro 2.4 – conclusão)

Como elaborar corretamente a resposta para cada pergunta

Pergunta instigadora	Comentário
Quanto custa?	O custo mensal de um funcionário é um valor conhecido, a compra de novos computadores com especificação definida também. Inserir a informação de custo é necessário para o planejamento com êxito, para o controle orçamentário da ação e mesmo da própria reserva de recursos para a ação. Por outro lado, o custo pode não ser exato e conhecido de antemão para algumas ações (como na pesquisa para contratação de um serviço de *software* jurídico, ou na construção e compra de equipamentos para um novo setor no departamento jurídico); nesse caso, deve ser definido o orçamento disponível (limite ao qual se deve observância) ou, então, a estimativa por parâmetros de mercado – por exemplo, para aquisição de *software*: "O custo varia de acordo com o *software* e, assim, será feito orçamento com três fornecedores e revelado posteriormente o custo para auxiliar na tomada decisão, tendo sido definido orçamento de R$ 30.000,00"; ou na compra de máquinas para um setor: "Entre R$ 4.000,00 e 4.500,00, conforme valor pesquisado de mercado, variação na placa de vídeo e possível negociação com fornecedores com base na quantidade". Portanto, ainda que não se saiba o custo desde o início, se a ação envolver custos diretamente, algum esclarecimento deve haver. Se **não há custo específico para realização da atividade** (por exemplo, um funcionário que elabora um documento dentro do seu horário de trabalho), o campo pode ser retirado ou, mais acertadamente, não ser alterada a estrutura da ferramenta 5W2H, mantendo o campo e preenchendo-o com um travessão ("–") para indicar que não há um custo específico na realização da ação.

> As palavras-chave são ordem, **clareza**, transparência, objetividade!

Além do planejamento, o 5W2H pode ser aplicado na análise de processos já executados, para fins de documentação ou para descoberta de possíveis melhorias. Quanto a esse objetivo, de documentação e análise de ações que já são rotineiramente realizadas, propomos o exemplo que consta no quadro a seguir.

Quadro 2.5 – Aplicação do 5W2H na elaboração de um relatório

Pergunta instigadora	Resposta obtida
O quê?	Elaborar relatório de faturamento mensal do escritório.
Quem?	Aline Borroughs, líder da controladoria jurídica.
Onde?	Setor de Controladoria Jurídica.
Quando?	Até o dia 5 de cada mês (referente ao mês anterior).
Por quê?	Para definição de orçamento e planejamento por parte da diretoria de maneira geral.
Como?	Seguindo o processo de elaboração de relatórios definido internamente pela própria controladoria jurídica com base nos parâmetros exigidos pela diretoria.
Quanto custa?	–

Nesse último caso, não havia qualquer problema patente, e o registro tampouco identificou alguma falha, tendo sido realizada a análise apenas para se proceder à definição de processos e à atribuição de responsabilidades. É interessante, assim, que os processos de trabalho em uma organização e em cada setor sejam devidamente escritos e publicados, resultando em clareza dos colaboradores quanto à função de cada qual.

Os detalhamentos em cada campo (isto é, em cada pergunta) para cada projeto podem variar, sendo mais ou menos completos, de acordo com a importância de um plano de ação e sua complexidade. Por exemplo, planos de ação que necessitam ser compartilhados e executados por diversas pessoas em cidades diferentes, em várias sedes de uma empresa, devem ser não somente bem organizados, mas também minuciosos, porque possivelmente os envolvidos não podem estar sempre próximos para tirar dúvidas ou verificar se as ações estão sendo realizadas corretamente.

Do mesmo modo, **planos de ação com diversas etapas**, como a compra e a configuração de um *software* jurídico, devem conter especificações sobre quem fará a escolha e como vai fazê-la, quem comprará a solução de *software*, quem vai requerer as customizações da ferramenta, quais serão elas, qual prazo será dado ao desenvolvedor para configurar o *software* e, de acordo com os possíveis prejuízos da demora, qual sanção deverá ser estabelecida em caso de descumprimento de prazo etc. Portanto, quanto maior o alcance e a complexidade de um projeto, mais desdobramentos deve ter o plano de ação.

Em sentido contrário, **projetos mais simples** e que envolvam apenas uma pessoa, ou uma pequena equipe que trabalha conjuntamente, precisam de um plano de ação mais objetivo, menos detalhista. Deve ser assim porque tendem a ser compostos de tarefas simples ou já conhecidas e com fácil comunicação entre os envolvidos durante a execução.

2.3.3   5S

5S é uma ferramenta sistemática para a organização do ambiente de trabalho. Foi originalmente desenvolvida por

Hiroyuki Hirano para fábricas de manufatura japonesas, mas se aplica com êxito em laboratórios, empresa de conserto de maquinários e outros itens, bem como em escritórios corporativos. A ferramenta 5S também é chamada, por vezes, de "Os cinco pilares"; de forma análoga aos pilares físicos que sustentam uma construção; seriam os cinco elementos que sustentam a efetividade de um sistema (Creative Safety Supply, 2018).

Seu objetivo é melhorar a eficiência, a organização e a produtividade de qualquer ambiente de trabalho, como uma pequena sala em que se exerça um ofício ou, em uma grande empresa, desde os escritórios da alta diretoria até as estações de trabalho de todos os funcionários (Creative Safety Supply, 2017).

Há uma adaptação dos termos para a língua inglesa, mantendo o uso de palavras com a letra "S". Aqui apresentamos os cinco conceitos nas duas línguas (facilitando a assimilação dos 5S a quem compreende o inglês), bem como o conceito (em português) e o objetivo, com base no trabalho da Creative Safety Supply (2017).

Quadro 2.6 – Os cinco "S" dos 5S

Os cinco pilares	Tradução para o inglês	Conceito	Objetivo	Exemplo
Seiri	Sort	Classificação: remover do ambiente de trabalho todos os itens que não forem necessários no momento.	Separar o necessário do desnecessário.	Se um item está no ambiente de trabalho sem utilidade (um martelo em cima da mesa do funcionário, por exemplo), dar atenção ao objetivo para decidir entre mantê-lo onde está, removê-lo para local mais apropriado (aqui entra o Seiton) ou jogá-lo fora.

(continua)

(Quadro 2.6 – continuação)

Os cinco pilares	Tradução para o inglês	Conceito	Objetivo	Exemplo
Seiton	Set in order	**Organização**: colocar todas as coisas em local de fácil acesso. Todos os itens devem estar marcados de modo que qualquer um possa saber seu lugar apropriado.	Organizar o espaço de trabalho de forma eficaz.	Guardar os itens de modo que não seja necessário se curvar ou se torcer para alcançá-los. Usar etiquetas nos locais de armazenamento, para dar certeza do local de cada item. Itens que são utilizados em conjunto (por exemplo, um dispositivo eletrônico e cabos de conexão e carregamento) devem ser guardados juntos. Itens frequentemente utilizados devem ser guardados mais próximos de quem os utiliza.
Seiso	Shine	**Limpeza**: eliminar toda a sujeira e manter o ambiente limpo a cada dia; tornar limpo e manter limpo.	Melhorar o nível de limpeza.	Dar aos colaboradores a tarefa de inspecionar a limpeza dos ambientes e, incluído no *Seiso*, também a manutenção dos equipamentos, garantindo seu funcionamento correto – por exemplo, dar atenção à limpeza dos computadores, especialmente da saída de ar para refrigeração.

(Quadro 2.6 – conclusão)

Os cinco pilares	Tradução para o inglês	Conceito	Objetivo	Exemplo
Seiketsu	*Standardize*	**Padronização**: criar um sistema de tarefas e procedimentos que assegurem o cumprimento dos princípios dos 5S diariamente.	Ter procedimentos padronizados, com regras a serem seguidas; cada colaborador saberá **o que** fazer, **quando** fazer, e exatamente **como** aplicar os passos dos 5S.	Orientar cada colaborador sobre sua responsabilidade específica no plano geral de classificar, organizar e limpar, fazendo com que seja parte da rotina diária de cada um – por exemplo, sem nem precisar pensar, o colaborador verá uma tesoura colocada no lugar errado e a levará para o lugar classificado para ela.
Shitsuke	*Sustain*	**Disciplina**: motivar todos os colaboradores a cultivar a cultura dos 5S.	Incentivar a melhoria contínua.	Começar pelo topo: a alta direção deve praticar os 5S, servindo de exemplo. Recompensar a prática dos 5S, fazendo uma competição saudável na organização – por exemplo, fornecendo um lanche da tarde para o mais organizado do mês.

Fonte: Elaborado com base em Creative Safety Supply, 2017.

Hoje se fala ainda em 6S, acrescendo aos cinco "S" japoneses originais um outro: *safety* (segurança). A realidade é que os princípios dos 5S já têm grande efeito na segurança, ao estabelecer um ambiente de trabalho de modo eficiente e produtivo, organizado criteriosamente e sempre limpo, com a participação de todos.

No entanto, como foi cunhado esse sexto "S" em inglês, fazemos menção a ele. No princípio *segurança* dos 6S devemos cuidar para que todos os funcionários tenham os equipamentos corretos para seu trabalho e saibam utilizá-los (Creative Safety Supply, 2017; 2018).

> **Para saber mais**
>
> CREATIVE SAFETY SUPPLY. **5S Guide**: Learn How a Simple Organizational Strategy can Transform your Business. 2017. Disponível em: <https://www. creativesafetysupply.com/content/landing/5S-poster/index. html >. Acesso em: 9 jul. 2020.
> CREATIVE SAFETY SUPPLY. **6S Guide**. 2018. Disponível em: <https://www.creativesafetysupply.com/content/ landing/6S-guide/index.html>. Acesso em: 9 jul. 2020.
> Para você se aprofundar neste assunto, recomendamos a leitura desses dois guias práticos da Creative Safety Supply.

2.3.4 Desenho de fluxos de trabalho

Em uma definição direta, *fluxos de trabalho* (ou, na nomenclatura em inglês comumente utilizada, *workflows*) "são o caminho pelo qual as pessoas realizam o trabalho, e podem ser ilustrados como uma série de passos que precisam ser completados sequencialmente em um diagrama ou lista" (Brandall, 2018, tradução nossa).

Esses fluxos são documentados por meio de **desenho dos workflows**, isto é, uma representação de como são executados os processos ou trabalhos. O desenho do *workflow* segue uma sequência de **etapas** (ou passos) de execução, especificando a atividade (ou atividades) em cada etapa

Fluxo de trabalho ou *workflow*, na linguagem comum dos negócios e do planejamento estratégico, comumente significa a própria documentação do fluxo de trabalho. Assim, podemos omitir o nome *desenho* ou *representação* e falar somente em *fluxo de trabalho* para se referir às listas ou aos gráficos que descrevem esse fluxo.

Por exemplo, quando alguém pergunta se você tem fluxos de trabalho na empresa, provavelmente não quer saber simplesmente se você executa as tarefas de um jeito padronizado, mas sim se os processos internos – os trabalhos que são executados – estão devidamente documentados e aplicados na empresa.

Do mesmo modo, se, na candidatura a uma vaga de emprego, o entrevistador pergunta se você já implementou um fluxo de trabalho, não quer saber se você, em um trabalho anterior, simplesmente enviou *e-mail* a colegas de trabalho solicitando que lhe enviassem os dados de cada cliente que atendessem para cadastro no sistema. Embora isso interfira no fluxo de trabalho, é menos formal e exige menos responsabilidade e capacidade do que desenhar efetivamente um fluxo de trabalho, com o detalhamento necessário para ter esse nome se tornado oficial na empresa (isto é, chancelado pelos responsáveis por tomar a decisão de implementar o fluxo de trabalho) ou aceito e praticado dentro do setor ou da esfera em que se realiza o processo. Então, na situação hipotética dessa entrevista, o recrutador não deseja saber de orientações comuns dadas quanto à rotina, mas pretende saber da experiência na ideia, na proposta, na efetiva criação ou na alteração de um fluxo de trabalho, demonstrando, dependendo do caso, a capacidade de documentar e/ou a capacidade de inovar.

A documentação proporcionada pelo desenho de fluxos de trabalho tem o propósito de dar previsibilidade, transparência, certeza do que se está fazendo e qual o fim a que se destina a tarefa de cada envolvido.

> "Times frequentemente desaceleram, porque as pessoas não sabem qual é o próximo passo, ou quem é responsável por ele", afirma Paula Cizek, chefe do departamento de pesquisa da NOBL, empresa de consultoria para líderes. A chave é quebrar os processos em partes menores e dar previsibilidade ao fluxo. E essa previsibilidade não deve estar só na cabeça do gestor. (Runrun.it, 2018)

Assim como as demais ferramentas de que tratamos, esta pode ser utilizada em qualquer segmento profissional, e com muito proveito pela controladoria jurídica.

Segundo Brandall (2018), a origem do *workflow* pode ser traçada desde Henry Laurence Gantt (1861-1919), que procurou melhorar a eficiência da força de produção, especialmente em fábricas. Para isso, notou que precisava conhecer três coisas: os trabalhos exatos que são realizados, quem são os responsáveis e o tempo necessário para cada tarefa. O fluxo de trabalho, contendo essas três informações, foi a resposta para conhecer cada trabalho e as atividades realizadas. Não significa que, como na concepção original, todo o fluxo de trabalho precise definir esses três detalhes, ou somente eles; por exemplo, pode não ser necessário, em determinado desenho, definir o tempo esperado em cada tarefa.

Vejamos um exemplo a seguir.

> **Fluxo de trabalho: Fabricação de parafuso** (etapa de trabalho dentro da fábrica, considerando matéria-prima disponível em estoque)
> 1. O operador insere a matéria-prima na máquina de derretimento.
>   » A máquina derrete a matéria-prima e a insere automaticamente na máquina de molde (duração: 15 minutos por 100 quilos de matéria-prima).
> 2. O operador programa a máquina de molde para início do processo da moldagem dos parafusos.
>   » A máquina insere o material derretido nas formas de molde e os solidifica (duração: 1 hora por 100 quilos de matéria-prima).
> 3. Após verificar que o material esfriou suficientemente, o operador remove os parafusos prontos dos moldes e os coloca na máquina de embalagem.
>
> **Nota**: Esse processo é hipotético e fora da área jurídica, e foi contemplado aqui para entendermos a abrangência do desenho de processos. O nível de detalhamento é variável de acordo com a necessidade e a existência ou não de outros manuais, guias e documentos de instrução.

Vejamos, agora, um exemplo que teríamos na controladoria jurídica, tratando do protocolo de petição. Ordinariamente, protocolar uma petição em um processo, considerando o processo eletrônico hoje amplamente adotado no país, envolve praticamente nada mais do que elaborar a petição e a protocolar. O controlador jurídico, no entanto, para proporcionar as informações à organização por meio de relatórios, precisa monitorar e gerenciar o trabalho e, assim, garantir os fluxos de trabalho necessários para ter acesso à informação, como petições e protocolos feitos.

Fluxo de trabalho: Protocolo de petição (em meio eletrônico, considerando que todos os documentos necessários já foram elaborados ou digitalizados e estão no computador que será utilizado para o protocolo)

1. Transformar todos os arquivos no formato PDF, considerando o tamanho máximo e outras restrições do sistema de processo eletrônico com o qual se trabalha.
2. No sistema de processo eletrônico do órgão judicial em que tramita o processo, enviar a petição, com anexos, se for o caso.
3. Certificar-se de que o protocolo foi realizado no processo correto e de modo completo, por meio do protocolo detalhado gerado pelo sistema, e salvar o protocolo fornecido em PDF.
4. Inserir a petição, eventuais documentos complementares e comprovante de protocolo em PDF no *software* de gestão jurídica. Inserir no *software* eventuais observações que sejam úteis ou necessárias quanto ao peticionamento realizado (Responsável: advogado que protocolou. Tempo: no mesmo dia, logo após terminar o processo de protocolo).

Quando se trata de atividades próximas e realizadas em um mesmo ato, podemos também subdividir uma etapa, para que cada item seja bem destacado. É possível utilizar a lista como um *checklist* – no caso do exemplo anterior, a parte de cadastro no *software* pode também ser feita assim:

4. Cadastrar no *software* de gestão jurídica, em PDF:
4.1 A petição que foi protocolada.
4.2 Os anexos à petição que foram protocolados, se houver.
4.3 Comprovante de protocolo em PDF no *software* de gestão jurídica.

Não se deve subdividir em mais de um item (divisão da subdivisão), para não tornar poluído visualmente o fluxo de trabalho. Caso pareça haver necessidade de nova divisão (um subprocesso dentro de um subprocesso), é necessário considerar o redesenho do processo para inserir o que seria um subprocesso como etapa própria ou, ainda, eventualmente elaborar um **novo fluxo de trabalho** correspondente ao que seria uma etapa muito complexa dentro de um fluxo.

Quando, em vez de listas encadeadas, os processos são documentados por uma representação gráfica, chamamos essa representação, esse desenho, de **fluxograma***. Não nos deteremos a esse detalhe, mas temos aqui um exemplo para a noção de como também pode ser representado um fluxo de trabalho, trazendo o mesmo exemplo da fabricação do parafuso.

---

* O termo advém de *fluxo* + *diagrama*, isto é, o diagrama de um fluxo de trabalho.

Figura 2.2 – Fluxograma da fabricação de um parafuso

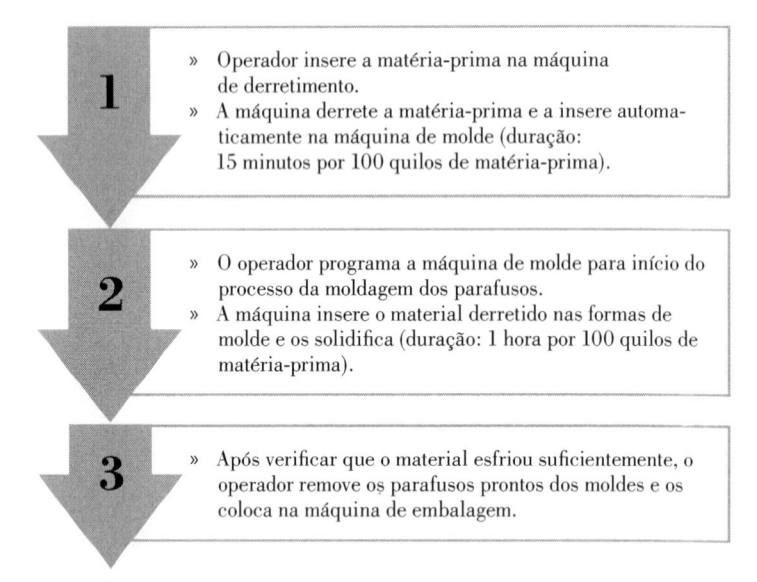

1
» Operador insere a matéria-prima na máquina de derretimento.
» A máquina derrete a matéria-prima e a insere automaticamente na máquina de molde (duração: 15 minutos por 100 quilos de matéria-prima).

2
» O operador programa a máquina de molde para início do processo da moldagem dos parafusos.
» A máquina insere o material derretido nas formas de molde e os solidifica (duração: 1 hora por 100 quilos de matéria-prima).

3
» Após verificar que o material esfriou suficientemente, o operador remove os parafusos prontos dos moldes e os coloca na máquina de embalagem.

A etapa de trabalho detalhada nesse fluxograma ocorre dentro da fábrica, considerando a matéria-prima disponível em estoque.

Com relação ao exemplo que utilizamos para a controladoria jurídica, um possível fluxograma seria desenhado da maneira que consta na figura a seguir.

Figura 2.3 – Fluxograma de protocolo de petição eletrônica

Fluxo de trabalho: Protocolo de petição (em meio eletrônico, considerando que todos os documentos necessários já foram elaborados ou digitalizados e estão no computador que será utilizado para o protocolo)

1 — Transformar todos os arquivos no formato PDF, considerando o tamanho máximo e outras restrições do sistema de processo eletrônico com o qual se trabalha.

2 — No sistema de processo eletrônico do órgão judicial em que tramita o processo, enviar a petição, com anexos, se for o caso.

3 — Certificar-se de que o protocolo foi realizado no processo correto e de modo completo, por meio do protocolo detalhado gerado pelo sistema, e salvar o protocolo fornecido em PDF.

4 — Inserir a petição, eventuais documentos complementares e comprovante de protocolo em PDF no *software* de gestão jurídica. Inserir no *software* eventuais observações que sejam úteis ou necessárias quanto ao peticionamento realizado (Responsável: advogado que protocolou; Tempo: no mesmo dia, logo após terminar o processo de protocolo).

Tratemos, agora, sobre quando utilizar uma lista e quando utilizar um fluxograma.

Em primeiro lugar, deixemos claro que sempre pode ser utilizado um fluxograma ou uma lista, em qualquer processo. A diferença é que, dependendo da quantidade, desdobramentos possíveis, pontos de decisão, opções, previsão ou não de falhas e recursos para lidar com elas, entre outras informações, uma lista pode ficar muito longa, cansativa e confusa, ou, pelo contrário, ela pode ser ideal e o fluxograma pode ser desnecessário. A questão, então, é que ambos são possíveis, mas é a ideia desejada que determinará qual é mais recomendado.

Fluxogramas – isto é, tais representações gráficas – levam imensa vantagem sobre meras listas quando as atividades têm desdobramentos diferentes em possíveis escolhas ou acontecimentos que ocorrem em determinado ponto. Uma lista determina, em regra, um fluxo contínuo, imutável e sempre exitoso do processo, sem prever uma ação em caso de erro nem determinar ações distintas para acontecimentos potencialmente diferentes.

O tema é riquíssimo, e o leitor que tiver o interesse despertado pode aprofundar-se na pesquisa. Porém, é oportuno, desde logo, mencionar alguns conselhos de utilização da ferramenta, descritos a seguir:

1. **Tenha clara a razão pela qual será criado um *workflow* – escreva essa razão e a compartilhe!** Ter o objetivo claro traz a motivação necessária aos que realizam ou vão realizar as ações (as etapas) programadas para o trabalho. É necessário alinhar os detalhes de um processo que gera dúvidas ou problemas de execução, bem como tornar claros os responsáveis por cada tarefa, mostrando à equipe a importância de cada um cumprir suas atividades em tempo hábil.

2. **Envolva os participantes.** Mesmo que esteja tudo pronto em sua mente, ou já conste tudo no papel, traga para junto de si nesse trabalho pessoas que, de fato, executam ou executarão o trabalho que será desenhado. Isso promove o engajamento necessário para que um fluxo de trabalho aprovado não seja simplesmente engavetado e esquecido.

3. **Comece o desenho pelo fim.** Um fluxo de trabalho só existe porque se almeja um resultado! Logo, comece pelo resultado. No exemplo da fabricação de um parafuso,

buscamos, em suma, produzir parafuso; esse é o resultado final (ou um parafuso embalado, ou um *kit* de parafusos, enfim, algo nesse contexto). Começar a pensar desde o fim – o resultado esperado, do parafuso fabricado com qualidade – trará muito mais clareza ao processo necessário para chegar lá, e isso também é muito mais lógico do que esquecer o resultado e começar o processo de pensamento a partir da chegada da matéria-prima à planta fabril.

> Note que não estamos falando em planejar cada passo pelo caminho inverso, do final para o começo, mas sim em ter o final claro desde o começo.

4. **Teste!** Quanto mais pessoas forem executar o *workflow*, maior será seu impacto e, portanto, mais pessoas serão afetadas em caso de ineficiência ou erro. Assim, além de pessoas que revisarão seu trabalho (lembra-se do conselho de envolver os participantes), caso seja possível, peça que alguns efetivamente adotem esses passos e anotem sugestões de melhoria antes de determinar oficialmente a adoção do processo para todos os trabalhadores.

Tendo compreendido a representação de fluxos de trabalho, tanto com listas quanto com fluxogramas, partiremos para a técnica dos cinco porquês, a última ferramenta da gestão a ser analisada neste capítulo.

2.3.5 Técnica dos cinco porquês

A **técnica dos cinco porquês** visa encontrar a raiz de um problema. "Essa ferramenta faz parte do processo de realização da análise do problema para identificar sua causa. A técnica é simples, pois propõe sistematicamente a pergunta (por quê) em busca da verdadeira causa do problema" (Seleme, Stadler, 2012, p. 44).

Encontrar a verdadeira causa permite a busca de uma solução efetiva em vez de um ataque a causas que são apenas superficiais.

Perceba que não é necessário sempre chegar ao quinto porquê, pois há casos em que a resposta pode ser encontrada mais cedo.

Mostramos, a seguir, um modelo conceitual fornecido por Seleme e Stadler (2012, p. 44):

Perguntas (porquês)	Respostas encontradas
Por que o produto não foi entregue?	Porque não tinha embalagem.
Por que não tinha embalagem?	Porque a produção não entregou.
Por que a produção não entregou?	Porque não tinha a matéria-prima.
Por que não tinha a matéria-prima?	Porque o fornecedor não a entregou.
Por que o fornecedor não a entregou?	Porque houve atraso no pagamento.

Para nós, portanto, fica claro:

pelas respostas apresentadas, que a verdadeira causa do problema foi o atraso no pagamento ao fornecedor, o qual, consequentemente, não entregou a matéria-prima para a produção da embalagem, do que decorre a entrega do produto ao cliente final.

Achar a verdadeira causa para o problema se torna mais fácil com a utilização dessa técnica, a qual estrutura o pensamento, permitindo o direcionamento para a ação que efetivamente solucionará o problema apresentado.
(Seleme, Stadler, 2012, p. 44-45)

Um exemplo de sua aplicação na controladoria jurídica, em um escritório de advogados, está demonstrado no quadro a seguir.

Quadro 2.7 – Técnica dos cinco porquês auxiliando a descobrir um problema na controladoria jurídica

Perguntas (porquês)	Respostas encontradas
Por que o cliente ficou insatisfeito?	Porque perdeu a ação (processo judicial).
Por que perdeu a ação?	Porque o advogado perdeu o prazo para se manifestar no processo.
Por que o advogado perdeu o prazo?	Porque tinha muitas outras demandas urgentes naquela semana.
Por que esse advogado tinha tantas demandas urgentes naquela semana?	Porque a controladoria jurídica do escritório passou muitas demandas para ele resolver.
Por que muitas demandas foram dadas para ele?	Porque a controladoria jurídica não repartiu as tarefas corretamente, mas distribuiu as demandas de maneira desigual.

Nesse caso, a insatisfação do cliente, a princípio decorrente de não ter ganhado uma causa discutida em juízo, revelou-se na raiz como um problema da controladoria jurídica, que não soube controlar e gerenciar nem os prazos nem a distribuição de tarefas entre os advogados do escritório – ou seja, **faltou organização**.

Trouxemos essa última técnica como demonstração de que os métodos e as ferramentas* podem ser simples, mas efetivos, se aplicados na situação adequada e de maneira séria e correta. Caso isso tenha ficado claro, e seja aplicado pelo profissional que estuda o tema, o tópico já terá valido a pena.

Moraes (2018) afirma que:

Se você não encontra falhas em nenhum processo ou abordagem, provavelmente é porque está falhando justamente em procurá-las.

Não existe empresa perfeita, e é fundamental procurar onde estão os gargalos para impedir que se tornem problemas graves, que ameacem o futuro do negócio.

Alguns problemas, inclusive, não afetam a empresa financeiramente de modo imediato, mas podem minar a moral dos colaboradores e prejudicar o desempenho futuro.

Assim, ao fornecer ao estudante e ao profissional métodos de solução de problemas e de melhoria contínua, existe a intenção de que ele **não falhe em encontrar falhas**, mas use bem o cabedal que tem para garantir a continuidade de um bom negócio – e a correção de rumos, em caso de maus resultados.

---

* Seleme e Stadler (2012, p. 26, grifo do original) explicam a diferença entre *método* e *ferramenta*: "O bom entendimento da diferença entre método e ferramenta nos auxilia na condução dos processos organizacionais com qualidade e no gerenciamento pelo controle da qualidade. Podemos definir, então, **método** como a sequência lógica empregada para atingir o objetivo desejado, enquanto **ferramenta** é o recurso utilizado no método. Portanto, o que resolve os problemas nos processos produtivos e operacionais é o método, e não a ferramenta ou as ferramentas". Assim, "o que soluciona problemas não são as ferramentas, mas, sim, a observância do método com a correta utilização das ferramentas, ou seja, dos recursos utilizados no método".

Não foi nosso intuito esgotar o assunto **ferramentas da administração**, mas sim dar a conhecer aquelas essenciais e úteis para a gestão de uma maneira geral e, portanto, aplicáveis à gestão jurídica.

Algo que desde logo devemos ter em mente é: não considere as técnicas de planejamento como recursos "opcionais", ou "só se for muito difícil fazer de outra forma". De nada bastará conhecer os conceitos e saber como eles funcionam e não adotá-los na prática. Quando houver a oportunidade, utilize as ferramentas que melhor se encaixarem às necessidades.

Em projetos menores, em uma organização com algum preconceito de documentar processos, você, como gestor, talvez não queira expor um PDCA que pensou para acompanhar a capacitação de advogados em uma nova ferramenta; porém, ainda que a cúpula não esteja interessada em ver esse planejamento, execute-o, para si! Vimos, na teoria e em exemplos, os benefícios. Agora dê a chance de conhecê-los em sua realidade. Considere as ferramentas de planejamento não como um "embaraço à ação", mas como um modo de enxergar soluções. Com uma aproximação sem preconceito das técnicas, elas se mostrarão realmente úteis.

Síntese

Neste capítulo, examinamos o planejamento estratégico de uma forma ampla, com base em ideias da administração que podem ser aplicadas à gestão jurídica. Trouxemos exemplos de atividades da controladoria jurídica, trabalhamos conceitos como a contratação de advogados correspondentes (logística jurídica), o processo de acompanhamento para a implantação de planilha de cadastros em escritório jurídico (com o PDCA), a atribuição de responsabilidades de forma clara e precisa (com o 5W2H) e a elaboração de fluxogramas.

Com os exemplos práticos de cada ferramenta e de cada técnica, procuramos oportunizar que os conhecimentos fossem mais bem assimilados para serem aplicados quando houver oportunidade.

Questões para revisão

1) Quanto à ferramenta PDCA, assinale a alternativa que contempla as etapas na sequência correta:
    a. *Plan* (planejar), *do* (fazer), *check* (verificar), *action* (agir).
    b. *Action* (agir), *plan* (planejar), *do* (fazer), *check* (verificar).
    c. *Plan* (planejar), *check* (verificar), *do* (fazer), *action* (agir).
    d. *Action* (agir), *check* (verificar), *plan* (planejar), *do* (fazer).
    e. *Action* (agir), *do* (fazer), *plan* (planejar), *check* (verificar).

2) Assinale a alternativa que melhor conceitua **logística jurídica**:
    a. Elaboração de cartas, *e-mails* e outras modalidades de correspondência para tramitar informações jurídicas.
    b. Utilização de listas eletrônicas de discussão para apresentação de novas ideias para escritórios e departamentos jurídicos.

c. Contratação, por parte de advogado ou escritório de advogados, de escritório ou profissional externo para realização de um trabalho jurídico.

d. Envio e recebimento de correspondência com informações jurídicas ou extrajudiciais.

e. Imposição de normas jurídicas entre advogados de regiões diferentes do país.

3) Assinale a alternativa que apresenta uma grande contribuição do desenho e da adoção de *workflows* na organização:

a. Estabelecimento de valores diferenciados, ao permitir que os empregados participem ativamente no processo decisório da organização.

b. Preparação para a ampliação das atividades, como um requisito para a contratação de novos trabalhadores ou aumento do espaço físico.

c. Imposição de uma cultura de subordinação, em que os funcionários se sentem diminuídos em relação àqueles de maior escalão.

d. Criação de processos de trabalho padronizados, a ser adotados por todos que forem executar a tarefa desenhada, melhorando a eficiência.

e. Tornar a organização mais preparada para o mundo digital, com base na adoção das tecnologias necessárias para o desenho de fluxos de trabalho.

4) Acerca da logística jurídica, responda: quando é mais vantajoso fechar parcerias com advogados ou escritórios de advocacia em vez de apenas realizar contrato para cada serviço quando houver necessidade?

5) Por que razão é possível afirmar que o diferencial de um escritório de advocacia perante seus clientes acontece na gestão?

Questões para reflexão

1) Imagine um pequeno cubículo de trabalho em cuja fachada está escrito *Escritório de Advocacia*. Agora, pense que você entrou nesse escritório e se deparou, nas quatro paredes, com estantes que ocupam toda a parede e vão até o teto. Além de livros – muitos novos, mas alguns bastante empoeirados –, havia outros itens e até uma caixa de ferramentas. Na única estante que é um pouco mais baixa que o teto, o advogado colocou todos os enfeites que comprou ou ganhou, relacionados ou não ao direito: desde estátua da deusa da justiça até pratos decorativos de porcelana levemente inclinados. Para profissionalizar a gestão e implementar os 5S, qual dos pilares dessa ferramenta parece mais ausente? E qual desses pilares deve ser implementado em primeiro lugar?

2) Considere que o gerente do escritório de advocacia Marlon Mendes deseja propiciar um atendimento mais célere para clientes que entram em contato via *e-mail*, contratar um advogado com especialidade em direito tributário e ter maior visibilidade nas mídias sociais. Com esses objetivos em mãos, quais técnicas podem ser utilizadas para que seja possível ter um planejamento antes do trabalho, como, por exemplo, definir responsáveis pelas atividades, tempo previsto para atingimento dos resultados e custos envolvidos?

III

Gestão jurídica: parte 2

Conteúdos do capítulo:

- » Ferramentas próprias da gestão jurídica.
- » Práticas de gestão jurídica.
- » Gestão do conhecimento.

Após o estudo deste capítulo, você será capaz de:

1. reconhecer situações de aplicabilidade de ferramentas de gestão jurídica;
2. implementar boas práticas no trabalho de gestão jurídica;
3. aplicar técnicas próprias da gestão jurídica e da gestão do conhecimento à prática de escritórios e de departamentos jurídicos.

A prática da gestão jurídica, estudo iniciado no capítulo anterior, aprofunda-se agora, pois conheceremos ferramentas e práticas de trabalho mais específicas da atuação parajurídica. Nesse rol estão técnicas de gestão de prazos, classificação de processos judiciais e a busca e a utilização da jurisprudência para tomada de decisões.

Isso constitui um diferencial de conhecimento que, se for sabiamente aplicado, contribuirá sobremaneira para o sucesso da organização.

3.1 Práticas e ferramentas de gestão jurídica

Já evidenciamos o que é a gestão jurídica em sentido amplo e demonstramos até como realizá-la com êxito a partir do uso das ferramentas mais recorrentes na gestão estratégica. A seguir, veremos algumas ferramentas específicas da gestão jurídica.

Todavia, antes de avançarmos para somar tais conhecimentos, devemos expor um entendimento importante: a aplicação das ferramentas não constitui o todo da gestão jurídica! É oportuno enxergar a gestão jurídica sob uma perspectiva tríplice, isto é, constituída de três bases.

> A gestão jurídica se constitui em um tripé (Albini, 2017):
> 1. Controladoria jurídica.
> 2. *Software* de gestão.*
> 3. Manual de procedimentos.

Com base nesse modo de ver a gestão jurídica, compreendemos que seu trabalho não pode ser solto, como mero uso de algumas técnicas, mas sistematizado e respaldado nestes três pontos: ao lado da controladoria jurídica, devem estar presentes também o *software* de gestão e o manual de procedimentos. Do contrário, a gestão jurídica será ineficaz ou ineficiente. Consolide esse entendimento! Significa dizer que a atribuição de tarefas de gestão a uma pessoa ou setor (em razão da criação e da implementação da controladoria jurídica) não terá bons resultados se não houver, ao mesmo tempo ou na sequência, a elaboração de um manual detalhado dos procedimentos e a aquisição de um *software* ou a revisão do *software* utilizado.

A busca por um trabalho preciso e produtivo é uma constante em todas as empresas. Nos escritórios de advocacia, o gestor jurídico deve ter uma mente voltada aos detalhes importantes do cotidiano laborativo. O autor citado a seguir apresenta algumas sugestões para aprimorar a produtividade no trabalho. Ele se dirige ao gestor, que é também advogado, porém, o ensino na parte de gestão é válido para os profissionais parajurídicos:

---

* O *software* de gestão para escritórios de advocacia e departamentos jurídicos de empresas pode ser chamado pelo nome genérico de *software de gestão* somente ou, também, de *software* de gestão legal, *software* de gestão jurídica, *software* de controladoria jurídica ou *software* para controladoria jurídica. Nesta obra, essas expressões são utilizadas de maneira intercambiável, significando sempre o mesmo recurso informático.

Gerenciamento de documentos

[...] Um dos grandes entraves à produtividade nos escritórios de advocacia é justamente o excesso de papéis e documentos que concentram essas informações. [...]

[...] os softwares jurídicos e a tecnologia do cloud computing revolucionaram a gestão de documentos na maioria dos escritórios [...].

Com o armazenamento na nuvem e o gerenciamento via software jurídico, o advogado tem ferramentas poderosas para atuar com uma excelente produtividade em seu escritório e melhorar a gestão jurídica da empresa.

Motivação dos colaboradores

[...] o fator motivação acaba sendo essencial para quem quer estabelecer uma rotina de alta performance em seu escritório.

Atualmente, [...] muitas empresas criam incentivos econômicos e planos de carreira para motivar seus funcionários. Porém, é preciso ir além. Mais do que criar essas ferramentas é essencial engajar seus colaboradores a elas. Em outras palavras, os colaboradores precisam entender sobre os resultados de seu trabalho e como isso contribui para o benefício do escritório como um todo.

[...]

Menos burocracia interna

[...]

Um software jurídico é uma excelente ferramenta na hora de substituir práticas e procedimentos burocráticos por mais agilidade. Essas ferramentas já contam com soluções integradas, intuitivas e capazes de resolver inúmeras questões do seu escritório com poucos cliques. [...]

Metas e medidas

Para acelerar a produtividade em um escritório de advocacia, outra medida essencial à gestão jurídica é estabelecer metas. Sem metas, fica mais difícil que os advogados se engajem e coloquem esforços para obterem resultados mais positivos.

As metas também são essenciais para que os líderes ou gestores possam criar formas de medir o avanço e o desenvolvimento do escritório rumo aos resultados pretendidos. (Martins, 2017, grifo do original)

Essas são algumas ações e percepções úteis para um escritório de advocacia. Elas nos ajudarão a manter nosso foco em ter produtividade real com a gestão jurídica e seus pontos-chave serão mais explorados a seguir. Nos dias de hoje, em que a maioria de nós tem um computador conosco o tempo todo, é fácil ficarmos encantados com as promessas de utilizar o *smartphone* para aprender uma nova língua, de estar sempre conectados com clientes que precisam de nós naquele exato instante ou de poder trabalhar de qualquer lugar. Diversas são as soluções e os *softwares*, bem como os gurus da tecnologia e dos negócios que querem nos vender como verdade que seremos produtivos sabendo usar bem nosso celular e outras tecnologias ubíquas que podem nos acompanhar a todos os cantos da casa e do mundo...

No entanto, se, por um lado, algumas dessas ferramentas por si só são podem ser interessantes, por outro não costumamos saber usar bem tudo isso, ainda mais em um aparelho que vive nos notificando de coisas que estão acontecendo. Assim, em vez de aprender uma nova habilidade com *flash cards** virtuais ou de gerir melhor a organização em que trabalhamos utilizando programas gratuitos com botões interativos e propagandas embutidas, perdemos mais tempo mergulhando na tecnologia sem nenhum propósito real em vez de nos dedicarmos àquilo que realmente importa.

Martins (2018) afirma que podemos ser produtivos na era da informação, sim, mas precisamos ter critérios claros para realizar nossas atividades (atender bem os clientes e atingir metas mensuradas, por exemplo). Se não for assim, corremos o risco de nos distrair com o suporte tecnológico que deveria nos auxiliar.

3.1.1 O tripé da gestão jurídica

Já destacamos que a gestão jurídica tem três pilares: controladoria jurídica, *software* de gestão e manual de procedimentos. A **controladoria jurídica** é o setor ou a pessoa incumbida de todas as responsabilidades delineadas em nosso estudo. O ***software* de gestão**, a ser tratado a seguir, é a ferramenta da informática capaz de auxiliar o gestor jurídico em suas atividades na organização em que trabalha. Já o **manual de procedimentos** é o resultado da formalização dos processos e dos atos que devem ser adotados pelo *controller* e por outras pessoas que usam e operam o sistema, a fim de que as informações sejam sempre atuais e confiáveis.

---

* "*Flashcards* [ou *flash cards*] são pequenos pedaços de papel (fichas ou cartões) com uma pergunta na frente e uma resposta no verso. É um método que foca na memorização [de conteúdo que se quer aprender] e seu uso é simples: basta tentar acertar a resposta atrás do papel" (Fernandes, 2019).

O manual rege o trabalho de gestão jurídica da organização, pois explica as normas essenciais da organização com relação à gestão jurídica, informando, por exemplo, que:

» não pode ser abreviado nenhum nome para cadastro no sistema;

» todo atendimento de cliente pelo advogado deve ser relatado dentro do sistema, em determinado campo específico;

» o valor de retorno esperado com a causa deve ser sempre informado e atualizado com base em novas informações, justificando-se o valor ou a ausência de previsão, entre tantas outras decisões tomadas quanto aos procedimentos padronizados.

O manual, aprovado e assinado pela cúpula, serve para deixar claro (se for o caso) que o gestor tem autonomia para cobrar prazo dos advogados e o dever de relatar à cúpula o descumprimento, bem como demais informações e formas de trabalho que a organização adote para si – e isso deve ser expresso por meio do manual. Em outras palavras, o manual de procedimentos, um dos fundamentos da controladoria jurídica, é construído pela cúpula da organização em conjunto com sua equipe de colaboradores, em especial com o *controller*, para decidir quais serão as práticas e os procedimentos adotados, alguns dos quais já tratamos e outros abordaremos a seguir.

Os *workflows*, detalhando as etapas de atividade envolvidas em cada trabalho, podem – se assim for decidido pela organização – ser parte importante desse manual!

3.1.2 Gestão de prazos

Uma boa prática a ser adotada pelo controlador jurídico – com respaldo de seu superior, segundo um manual de procedimentos elaborado ou a ser elaborado –, é fixar os prazos com margem de segurança. Os prazos devem ser agendados e cobrados considerando **um dia de antecedência**, como se este fosse o prazo final. Essa tática pode ser chamada de *prazo d–1* (fala-se "d *menos* um": "d" de data, menos um dia). Então, o prazo é sempre o da data estabelecida como prazo fatal menos um dia (Albini, 2017).

Mostramos exemplos práticos: (1) o juiz solicitou que sejam informadas as testemunhas do processo no prazo de cinco dias. Se a tática "d–1" estiver na estratégia de ação da empresa, o gestor jurídico cadastrará no sistema a tarefa de protocolar o rol de testemunhas do processo no prazo de quatro dias. (2) A sentença de determinado processo cível foi dada em primeira instância, mas se deseja recorrer, o que pode ser feito em 15 dias úteis. O prazo termina em uma segunda-feira, e o escritório não funciona aos sábados e domingos. O gestor não agendará a tarefa para o domingo, mas para o dia de trabalho anterior ao prazo, que é sexta-feira. Em outras situações e cenários, podemos trabalhar com "d–2" ou "d–3".

É claro que, uma vez que os prazos sejam fixados considerando um dia a menos, é nesse prazo que eles devem ser rigorosamente cumpridos. O prazo é menor, mas não é fictício.

Se ficar na mente da equipe de trabalho que o prazo não é real, e este sempre for cumprido no dia seguinte, a estratégia de nada vale. É como a pessoa que adianta o relógio cinco minutos para nunca chegar atrasado a uma audiência, mas sai sempre cinco minutos depois do que deveria, invalidando sua ideia.

3.1.3 Classificação de processos

Um processo judicial nunca é isolado no escritório ou no departamento jurídico em que você trabalha – tenha isso sempre em mente! Por mais que cada causa seja única, de alguma maneira ela esta agrupada em dada classificação de causas.

Quando tratarmos, logo a seguir, de indicadores de desempenho, você perceberá o quão importante é adotar uma classificação dos processos. Afinal, além dos resultados gerais da organização em termos de êxito em ações, demora em cada fase processual, tempo para o juiz sentenciar e retorno financeiro, esses indicadores também serão agrupados por área atendida e por tipo de processo.

Em outras palavras, um relatório deve mostrar, por exemplo, que "o escritório faturou R$ 148.200,00 em ações finalizadas no último trimestre, com 31 processos transitados em julgado com êxito nesse período e 18 processos com êxito da parte contrária". Contudo, igualmente é de interesse ter essa informação detalhada também por área processual, de modo que a compilação de informações traga, ainda, os detalhes.

Nesse caso, veja o exemplo a seguir, de compilação de informações gerenciais de um escritório de advocacia que atende a causas cíveis e criminais (dados de causas transitadas em julgado no último trimestre).

Quadro 3.1 – Exemplo de informações detalhadas sobre processos concluídos no escritório

Área (classe processual)	Tipo de processo	Número de causas ganhas (obtendo o esperado no processo ou a maior parte dele)	Número de causas perdidas (não obtendo o esperado)	Rendimento financeiro bruto (em R$)
Direito civil	Pedido de compensação por danos morais.	15	4	38.000,00
	Defesa de parte demandada em ação de divórcio.	5	4	45.000,00
Direito criminal	Defesa de réu solto.	6	2	23.200,00
	Defesa de réu preso preventivamente.	5	8	42.000,00
	Total:	31	18	148.200,00

    Um informativo ou relatório como esse são gerados facilmente, desde que cada processo tenha cadastrado os dados básicos, seja em um *software* especializado, seja, na falta dele, em uma planilha bem desenvolvida. Outros dados podem ser agregados a um relatório, como a remuneração média por profissional da área, a média de honorários iniciais em comparação com honorários de êxito etc. Por isso, devem ser definidas de antemão as informações que se quer obter, para cadastrá-las desde logo, a fim de que sejam facilitadas – ou mesmo automatizadas – a extração e a compilação dos dados em cada período.

Com relação à vantagem desses dados, são inúmeras! Nem precisamos discorrer sobre a vastidão de decisões que a gerência da organização pode tomar com base nessas informações, desde investir mais em alguma área até, por outro lado, deixar completamente de atender a um tipo de processo. Informações permitem decisões **inteligentes**, e informações **precisas e atualizadas** permitem decisões **sábias**.

Estamos, agora, plenamente cientes da necessidade de não só cadastrar uma lista de clientes de processos, mas de cadastrar, em cada processo, a área processual e o tipo de ação. Queremos, portanto, explicar como isso é feito.

Com relação à forma de fazer, qualquer *software* de gestão jurídica já traz um campo, dentro do cadastro de cada processo, para indicar a área (ou classe) do processo e o tipo de ação. Assim, basta inserir a informação para cada processo. Em caso de controle mais simples, por meio de uma planilha, deverá haver colunas para a inserção dessas informações.

Seja por meio de planilha ou com o uso de *software* especializado, a organização precisa decidir a nomenclatura que vai utilizar. Uma possibilidade é adotar a prevista pelo Conselho Nacional de Justiça (CNJ), empregada pelo Poder Judiciário.

Para saber mais

CNJ – Conselho Nacional de Justiça. **Sistema de gestão de tabelas processuais unificadas.** Disponível em: <https://www.cnj.jus.br/sgt/consulta_publica_classes.php>. Acesso em: 9 jul. 2020.

No *site* do CNJ, há uma forma de classificação processual para o Poder Judiciário, que pode ser espelhada por escritórios de advocacia e departamentos jurídicos na classificação interna de seus processos.

Trazemos um trecho das classes retirado do *site* do Conselho Nacional de Justiça (CNJ). A classificação do CNJ é pensada para o Poder Judiciário, mas pode ser adotada por organizações que trabalham com processos judiciais. No *site*, há ainda a possibilidade de fazer o *download* das classificações em formato de planilha eletrônica, facilitando a manipulação direta dos dados para inserir em *software* ou planilha. Confira a seguir.

Figura 3.1 – Classificação de processos por assunto segundo definição do CNJ para o Poder Judiciário

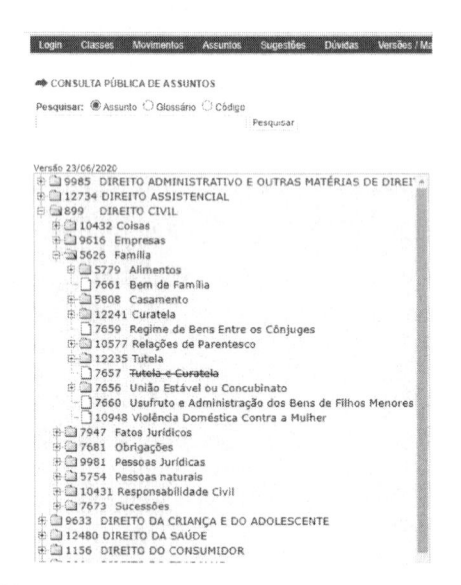

```
Login   Classes   Movimentos   Assuntos   Sugestões   Dúvidas   Versões / Ma

→ CONSULTA PÚBLICA DE ASSUNTOS
Pesquisar:  ● Assunto  ○ Glossário  ○ Código
                                    Pesquisar

Versão 23/06/2020
 ⊞ 9985   DIREITO ADMINISTRATIVO E OUTRAS MATÉRIAS DE DIREI
 ⊞ 12734  DIREITO ASSISTENCIAL
 ⊟ 899    DIREITO CIVIL
    ⊞ 10432  Coisas
    ⊞ 9616   Empresas
    ⊟ 5626   Família
       ⊞ 5779   Alimentos
          7661   Bem de Família
          5808   Casamento
       ⊞ 12241  Curatela
          7659   Regime de Bens Entre os Cônjuges
       ⊞ 10577  Relações de Parentesco
       ⊞ 12235  Tutela
          7657   ~~Tutela e Curatela~~
       ⊞ 7656   União Estável ou Concubinato
          7660   Usufruto e Administração dos Bens de Filhos Menores
          10948  Violência Doméstica Contra a Mulher
    ⊞ 7947   Fatos Jurídicos
    ⊞ 7681   Obrigações
    ⊞ 9981   Pessoas Jurídicas
    ⊞ 5754   Pessoas naturais
    ⊞ 10431  Responsabilidade Civil
    ⊞ 7673   Sucessões
 ⊞ 9633   DIREITO DA CRIANÇA E DO ADOLESCENTE
 ⊞ 12480  DIREITO DA SAÚDE
 ⊞ 1156   DIREITO DO CONSUMIDOR
```

Fonte: CNJ, 2020.

A cúpula da organização, com participação dos advogados e da controladoria jurídica, definirá a nomenclatura a ser utilizada para áreas e tipos de processo, a fim de implantá-la no *software* ou na planilha utilizada para gestão processual. O importante é que, uma vez definida, ela seja rigorosamente seguida, sob pena de prejudicar o trabalho de classificação.

Por esses motivos, atente-se a algumas dicas, a seguir:
» **As áreas de atuação devem estar todas pré-cadastradas desde o início, para não precisar criar um novo nome a cada novo processo que adentra o escritório.** Se o escritório trabalha com as áreas cível, tributária e penal, pelo menos essas áreas e os tipos de ação devem já estar definidos e prontos para ser inseridos no sistema de controle (*software* ou planilha). Se não estiverem, a cada novo processo, a controladoria jurídica, os advogados e a cúpula terão de se preocupar em definir o nome a ser dado para aquele tipo de ação, perdendo tempo e concentração que poderiam ser utilizados para outras tarefas se todo o básico estivesse já definido.
» **O nome para um tipo de ação deve ser definido de forma "dura", fechada e definitiva.** Por exemplo, caso se peça compensação por danos morais, o tipo de ação será sempre registrado como "indenização por danos morais" (ou "responsabilidade civil por danos extrapatrimoniais"). Se o registro for aberto, ou se mais de um setor fizer o lançamento de dados, logo haverá um mesmo tipo de ação com vários nomes ("indenização por danos morais", "ação indenizatória", "ação de indenização") e, na hora de gerar um relatório, no mínimo, levará mais tempo para organizar as informações, ou, ainda pior, ele não será confiável porque as informações ficarão perdidas.
» **Idealmente, um único setor deve responsabilizar-se pelo cadastro das informações no sistema.** Esse setor (ou profissional) provavelmente será aquele que realiza a gestão jurídica do escritório, o qual inserirá no sistema, de forma padronizada, as informações do processo conforme informar o advogado responsável pela causa. Os advogados podem realizar a inserção

diretamente no sistema; porém, para isso, a fim de haver padronização, devem estar bem capacitados na nomenclatura adotada pela organização e no manuseio do sistema, e a controladoria jurídica deve acompanhar continuamente a correição das informações lançadas.

> O objetivo de classificar os processos é justamente a padronização de informações; então, é imprescindível que as informações estejam mesmo padronizadas!

Como temos visto, uma classificação básica, seguindo esse ou outros critérios – definidos pela organização com base em suas necessidades –, é uma informação mínima para cada processo judicial. São dados fundamentais para a extração de informações por área e tipo de processo: o percentual do negócio representado pela área, tanto em número de processos quanto em valor da causa ou rendimento; o índice de êxito por área processual; o tempo médio de julgamento em cada área etc.

Mais conteúdos sobre informações estratégicas para tomadas de decisão vislumbraremos a seguir, ao tratarmos dos indicadores de desempenho.

3.1.4 Classificação estratégica de processos

Outra prática da gestão jurídica diz respeito à organização dos processos por critérios estratégicos. Albini (2017) traz diversos exemplos para a classificação dos processos.

É possível classificar os processos em **comuns, especiais** ou **estratégicos** – por meio de uma *tag* (etiqueta) ou outra ferramenta disponível no sistema de gestão –, de acordo com o retorno esperado. Veja mais detalhes no quadro a seguir.

Quadro 3.2 – Classificação dos processos de acordo com o retorno esperado

Tipos de processo	Critério
Comuns	Via de regra, os processos enquadram-se nesta categoria. Não são processos de menor importância, apenas não têm um critério diferencial em relação aos demais.
Especiais	Apresentam um retorno provável superior a determinado patamar – por exemplo, superior a R$ 20.000,00. Frisamos que o valor deve ser previamente e claramente definido, não é viável estabelecer um critério genérico como "processo com valor alto".
Estratégicos	São os processos com um retorno esperado muito elevado – por exemplo, acima de R$ 50.000,00. Também podem ser aqui enquadrados: (1) processos nos quais esteja sendo discutida uma nova tese jurídica, ou (2) processos que possam desencadear novos processos em decorrência do fato discutido nele, em razão do retorno positivo que essas características podem trazer.

Fonte: Elaborado com base em Albini, 2017.

Outra classificação possível é baseada no risco de insucesso da demanda (seja em que área for, como autor ou como réu). As escalas de cada processo nessa classificação são: risco elevado, risco médio ou risco baixo. Outra possibilidade é o resultado que o escritório pode ter – ou espera ter – ao final da ação, em uma escala que pode ser, de acordo com a média pelo perfil do escritório: processos com resultado esperado até R$ 3.000,00; entre R$ 3.000,00 e R$ 8.000,00; acima de R$ 8.000,00. Todas essas classificações, entre outras, são totalmente adaptáveis em seus critérios e podem ser aplicadas separadamente (apenas uma delas) ou em conjunto com outras classificações.

As classificações que forem adotadas nos relatórios são decididas pela cúpula da organização em conjunto com a controladoria. As informações, então, provêm dos próprios advogados da causa, que podem dizer quais processos são estratégicos ou não, quais têm baixo, médio ou alto risco de insucesso, e assim por diante.

Podemos, então, perguntar: Se são os advogados que trazem as informações, qual é o papel do gestor jurídico? A resposta é simples: o controlador – ou gestor – operacionaliza as ações, tornando possível que os dados se transformem em informações (veja a Seção 3.2 desta obra, a seguir). Isso é viável com base na classificação sistemática dos processos, na disponibilização dessas informações para consultas e na elaboração de relatórios.

3.1.5 Indicadores de desempenho

Indicadores de desempenho são métricas (índices) que quantificam a *performance* de acordo com determinados objetivos (metas). Os indicadores são estabelecidos para monitorar a evolução dos trabalhos realizados, com o objetivo de corrigir ou manter os rumos do trabalho, de acordo com a satisfatoriedade ou não dos índices em comparação com as metas.

Assim, por meio da **escolha adequada dos indicadores** e do monitoramento destes, o gestor pode conhecer os resultados dos trabalhos realizados e redirecionar as ações, visando corrigi-las, sempre que necessário. O intuito é o de proporcionar eficácia, ou seja, os melhores resultados possíveis (Endeavor Brasil, 2015a).

Não existe um rol taxativo e limitado de indicadores de desempenho e gestão. Por isso a escolha dos indicadores a monitorar é uma tarefa de certo modo subjetiva, mas que deve ser exercida com muito zelo, pois essa primeira etapa determina o que é considerado importante e que será mensurado ao longo do tempo.

Além de definir indicadores e acompanhá-los, a alta gestão do negócio deve eleger os indicadores que sustentam a continuidade da empresa, a fim de dar a eles um olhar mais atento. A esses indicadores-chave é dado o nome de **KPI**.

> *KPI é a sigla em inglês para* Key Performance Indicator, *ou os famosos Indicadores-Chave de Desempenho.*
>
> *Também conhecidos como KSI,* Key Success Indicator, *KPIs são nada mais, nada menos do que as métricas que você eleger como essenciais para avaliar um processo de sua gestão.*
>
> *São os indicadores que você, como gestor, vai definir para acompanhar a evolução das operações, evitando se perder em meio a uma quantidade absurda de relatórios e dados que não levam a lugar algum. É por meio dela que você manterá o foco para ir atrás das metas.* (Endeavor Brasil, 2015b)

Os dados que alimentam o KPI devem ser sobremaneira precisos, sua atualização deve ser mais constante e deve haver relatórios com base neles – se não puderem ser gerados de maneira automatizada, devem ser elaborados com concentração redobrada e revisados, se possível por outra pessoa que não o elaborador. Citamos aqui um exemplo de indicador eleito como KPI: os rendimentos mensais esperados para os próximos meses, ou seja, o olhar direto sobre o faturamento.

Tratando-se da previsão orçamentária dos meses seguintes em um escritório jurídico, é necessário ter diversos dados que alimentem o indicador, como o retorno desejado em processos que estão em andamento, o tempo esperado para sua conclusão, novos clientes previstos. Todas essas previsões devem ter seus cálculos revistos, verificando-se a cada mês – ou outro período definido – se o resultado efetivo foi próximo do antecipado ou se algum dado ou forma de calcular precisa ser reajustado para tornar o indicador mais fiel.

Alguns dados são mais volúveis, tendo em vista a incerteza natural do curso e do resultado do julgamento de processos submetidos ao Poder Judiciário. Isso precisa ser levado em consideração na geração de relatórios, ponderando-se cenários positivos e cenários em caso de perda, atraso etc. em determinados processos.

Os demais indicadores, que não são eleitos como KPIs, podem não refletir diretamente na sustentabilidade do negócio. Todavia, nem por isso perdem a importância.

No âmbito de um processo jurídico, por exemplo, indicadores de desempenho baseiam-se nos dados disponíveis para cada processo e os analisam conjuntamente, a fim de possibilitar a tomada de decisões estratégicas – com base no conhecimento do grau de sucesso em cada juízo, instância ou tema, êxito ou não em obtenção de acordos etc.

Os **indicadores de desempenho** nos quais normalmente pensamos, monitorados em praticamente todos os escritórios e departamentos jurídicos, são:
» número de clientes;
» número de processos ativos, processos suspensos e processos findos (arquivados);
» índice de êxito das ações, separadas pelo tipo de ação (procedência ou não das ações, que podem ser também classificadas pela instância em que foram encerradas: primeira instância, segunda instância ou tribunal superior);
» proporção de processos nos quais houve conciliação *versus* processos que foram decididos por sentença judicial;
» retorno financeiro (faturamento advindo dos processos em geral, ou por áreas específicas, *versus* despesas decorrentes da atuação neles), entre outros.

Todos são indicadores que podem refletir em algum indicador-chave (KPI) ou, ao menos, dar algumas noções sobre o estado geral do negócio e conferir alguma previsibilidade em processos jurídicos, de modo a propiciar uma comunicação mais assertiva junto ao cliente.

Como exemplo de informação ao cliente, não podemos afirmar com certeza a data em que determinado processo será julgado, muito menos a certeza de resultado. No entanto, com base na experiência – e melhor ainda se com base em indicador monitorado –, podemos indicar o tempo médio de julgamento de determinado tipo de causa em determinada vara ou tribunal*.

Afora tais indicadores, devemos ter em mente critérios pelos quais se conduz a organização, para pensar e monitorar outras esferas. Perguntas que guiarão a escolha dos indicadores peculiares mais relevantes de cada organização são:

» Qual é a forma de classificação que, nos relatórios, apresenta o melhor controle do trabalho e do retorno esperado?
» Quais tipos de controle processual, se monitorados, permitem a melhoria da *performance* pela gestão?
» Para classificar as causas por estratos de valor, o que é considerado rendimento financeiro alto, médio ou baixo para a organização?
» Qual é a peculiaridade da minha organização?
  » O escritório advoga para empresas e, portanto, há muitos processos para cada cliente? Se sim, pode ser útil mostrar no relatório a divisão de processos por clientes.
  » Os contratos de honorários dos advogados trabalhistas do escritório preveem pagamento apenas em caso de êxito da ação? Se sim, pode ser útil monitorar nesse setor (a divisão trabalhista), em relatórios periódicos, os custos de manutenção das ações protocoladas e a previsão de retorno financeiro, para constatar se a estratégia será positiva ao longo do tempo considerando os casos recebidos pelo escritório.
  » Trata-se do departamento jurídico de uma instituição de ensino superior? Se for esse o caso, os indicadores nos relatórios podem abranger o setor com maior número de ações e com maior dispêndio em condenações; índice

---

* Trataremos melhor sobre o uso de indicadores para a previsibilidade na Seção 3.1.6, sobre jurimetria.

de ações em relação ao número de alunos, a fim de prever aumento da demanda ou orçar a provisão necessária para os anos seguintes, com base no número esperado de novos alunos.

O *controller* jurídico, normalmente, não precisa – e nem poderia –, ele mesmo, classificar **todos** os processos por grau de risco, por retorno esperado ou outras classificações técnicas, pois isso compete ao técnico – o advogado vinculado à causa – informar. Como dissemos, o *controller*, normalmente, não é o responsável por produzir as informações iniciais. O que ele faz é exigir o cadastro, ou ele mesmo cadastra a informação (de acordo com o que dispuser o manual de procedimentos), cobrar a atualização das informações quando elas se alterarem, bem como acompanhar os resultados por meio de relatórios.

Prado (2018) propôs um indicador que trata do nível de aceitação por parte dos clientes e diz respeito ao escritório como um todo. Trata-se do Net Promoter Score (NPS):

> *Em algum momento, enquanto cliente, você deve ter se deparado com a seguinte pergunta: "Em uma escala de 0 a 10, o quanto você indicaria nossa empresa para um amigo?". Isso faz parte do NPS. [...]*
>
> *[...] Fred Reichheld apresentou, em 2003, em um artigo para a "Harvard Business Review", a metodologia de pesquisa chamada Net Promoter Score (NPS), que se baseia na pergunta: "Em uma escala de 0 a 10, o quanto você indicaria nossa empresa para um amigo?". [...]*
>
> *Depois que vários clientes respondem a esta pesquisa, a empresa tem uma base suficiente para calcular seu Net Promoter Score e descobrir como está o nível de fidelidade entre seus clientes. [...]*

O primeiro passo para ter este resultado é dividir as respostas em 3 grupos:

Notas de 0 a 06 – Clientes Detratores – Clientes que não estão satisfeitos com a marca e compartilham experiências ruins com seu círculo social. Provavelmente não voltariam a fazer negócios com a marca

Notas de 07 e 08 – Clientes Neutros – Não criaram vínculo com a marca, consomem apenas o que é necessário.

Notas de 09 a 10 – Clientes Promotores – Reconhece que a marca trouxe benefícios para sua vida e por isso tem um relacionamento estreito, oferecem feedback e compartilham as boas experiência com seu círculo social. [...]

A escala de 0 – 10 e o cálculo do NPS ajudam as empresas a terem um resultado quantitativo, mas para complementar a avaliação é importante ter uma perspectiva qualitativa de como os clientes se relacionam com a marca.

Por isso, adotou-se uma segunda etapa da pesquisa, onde de forma descritiva o cliente é convidado a opinar, respondendo perguntas como: "o que podemos fazer para melhorar?", "justifique sua escolha" ou "o que deixa você satisfeito?". A pergunta qualitativa é muito importante para que a empresa entenda onde está acertando ou errando e tenha insights de melhorias.

É importante não nos enganarmos, realizar o NPS apenas uma vez não vai ajudar a identificar os gargalos de melhorias que a empresa precisa e, principalmente, não trará o resultado que o cliente espera.

Para alcançar os objetivos a que se propõe, o NPS deve ser aplicado periodicamente, assim será possível acompanhar a evolução da empresa e das relações com seus clientes.

Quais benefícios a empresa tem com o NPS?
Agilidade nos feedbacks
Insights de melhorias
Possibilidade de Benchmarking. (Prado, 2018, grifo do original)

Entendemos, então, que a satisfação de clientes é importante. Além dessa constatação notória – de que os clientes tendem a manter a relação com a empresa que os satisfaz, continuando a comprar seus produtos ou a utilizar seus serviços –, o cliente satisfeito compartilhará sua boa experiência com outras pessoas, o que tem ainda mais impacto nas redes sociais.

Apenas para citar um exemplo, imagine que a Patrícia recebe, em seu aniversário, uma carta do escritório que está cuidando de uma causa jurídica de sua vida. Agora, imagine se, em vez de a identificação só constar no envelope, a carta for personalizada, com seu nome no início, gênero da carta definido (e não "prezado[a] Fulana"), assinada à mão por um sócio do escritório ou pelo advogado que a atende. Não só isso, mas não foi só a carta; ela recebeu uma caixa (singela, não ostentatória) de seu café *gourmet* preferido (o advogado sabia porque ela mencionou por acaso em uma conversa e ele registrou). É provável que essa carta, com o presente, seja registrada em uma foto na rede social que ela utiliza, e outras pessoas verão o nome do escritório. A controladoria jurídica pode trazer essa prática para o escritório e, uma vez que a organização procura dar uma experiência positiva aos seus clientes, a forma de mensurar sua efetividade e descobrir como melhorar cada vez mais é pelo uso desse indicador, o NPS, que consiste em uma simples pesquisa com os clientes.

Berni (2018) aponta que o NPS é muito utilizado por "empresas do Vale do Silício, nos EUA, reconhecidas pelo uso de métodos fáceis de planejamentos e medições de resultados". Todavia, os indicadores de desempenho não são uma ferramenta mágica nem suficiente por si só.

Consideremos que determinado indicador financeiro aponta que o trabalho para determinados clientes redunda em mais despesas do que ganhos, de modo que não se alcança o lucro esperado. Se assim for, uma demanda alta de trabalho pode, em vez de denotar sucesso, gerar prejuízo. Portanto, não adianta apenas mensurar, se os dados não forem utilizados para tomar decisões para a constante melhoria. É interessante, nesse sentido, que os indicadores estejam associados a metas de curto prazo, objetivos de longo prazo e a comparações com base na experiência passada da organização.

3.1.6 Jurimetria

A jurimetria consiste na aplicação de inteligência para a otimização da gestão dos processos jurídicos. Analisando o nome, *juri* remete ao direito, e *metria* refere-se à medida. Conceitualmente, *jurimetria* é a utilização de métodos de mensuração e estatística em processos judiciais.

Apesar de o conceito abranger estatística, não é necessário ter conhecimentos profundos de matemática. Os principais conhecimentos exigidos são de direito e de lógica, uma vez que jurimetria envolve classificar decisões judiciais por meio de pesquisa. Ela é encontrada mais comumente no meio acadêmico, das pesquisas científicas; porém, seus conceitos podem ser transpostos para a prática jurídica – em escala diferente e com outra abordagem.

Zabala e Silveira (2014, p. 91) fornecem o seguinte conceito para jurimetria: "aplicação de métodos quantitativos no direito". No mesmo ponto, os citados autores ainda esclarecem que a "questão computacional não está presente explicitamente no conceito, uma vez que recursos tecnológicos são utilizados naturalmente em problemas numéricos" (Zabala; Silveira, 2014, p. 91).

A jurimetria não é, de modo algum, uma ciência nova, embora tenha ganhado novos contornos e maior destaque em tempos recentes, especialmente no Brasil. Loevinger (1963) a chamou de "nova ciência" e apontou que a jurimetria tem como perspectivas: "a análise quantitativa do comportamento judicial; a aplicação das teorias da comunicação e da informação na linguagem jurídica [especificamente em decisões judiciais]; o uso de lógica matemática no direito; a obtenção de dados legais por meios físicos e digitais; e a elaboração de cálculo de previsões legais" (Loevinger, 1963, p. 8, tradução nossa).

Também segundo esse autor, as funções que ela pode ter não são determinadas em razão de um campo específico nem podem ser restringidas de antemão a algum desses campos. Trata-se da investigação científica em casos e questões judiciais; portanto, todos os problemas que podem ser abordados dessa maneira são candidatos em potencial para a utilização da jurimetria (Loevinger, 1963).

A aplicação da jurimetria é custosa – não apenas em termos de tecnologia, com a contratação de serviços auxiliares de informações, mas principalmente em recursos humanos –, pois envolve muito conhecimento, muita pesquisa e muito esforço. Os profissionais devem dedicar-se a comparar os dados gerais conhecidos e aplicá-los a cada processo. Em virtude disso, há maior eficiência dessa ferramenta quando o assunto dos processos é uniforme e segue, ao longo do tempo, uma mesma linha de litígios. Portanto, é mais empregada em escritórios de maior porte, principalmente naqueles que atendem a uma matéria específica ou que advogam em contrato continuado para uma ou mais empresas.

No âmbito da prática da gestão jurídica, dados jurimétricos diversos podem ser coletados e trabalhados para conhecer, conceber e conceder (os "3C"): (1) a jurimetria aplicada à gestão de escritórios e departamentos jurídicos permite **conhecer** o entendimento do Poder Judiciário (ou de determinado órgão desse poder); (2) esse conhecimento **concede** maior previsibilidade ao gestor quanto aos possíveis desdobramentos do caso; e (3) fornece subsídios para **conceber** um plano de ação, uma estratégia para o cliente com fundamento em dados concretos.

Figura 3.2 – O efeito triplo da jurimetria e o que ela permite realizar

CONHECER
o entendimento do Poder Judiciário local sobre o assunto versado no processo

CONCEBER
um plano estratégico para o cliente

CONCEDER
maior previsibilidade ao curso da ação

O atual Código de Processo Civil (CPC), em seu art. 926, preconiza que os "tribunais devem uniformizar sua jurisprudência e mantê-la estável, íntegra e coerente" (Brasil, 2015a). Significa dizer que, desde 2016, quando o CPC entrou em vigor, as decisões de cada instância do Poder Judiciário devem, por lei, ser íntegras e estáveis: sem mudanças abruptas e injustificadas de entendimento, nem decisões diferentes para casos quase idênticos. De igual modo, as instâncias inferiores devem respeitar e seguir o entendimento das instâncias superiores, de modo que o direito seja julgado de maneira consistente em todo o território nacional. No entanto, é notório que ainda não tenhamos assegurada uma previsibilidade jurídica no Brasil em todas as instâncias; se o caso for para as mãos de determinado juiz, uma será a decisão, e outra será a decisão se outro juiz decidir, e isso em um mesmo estado.

Se a jurisprudência no Brasil fosse uniforme, com decisões sempre com uma mesma linha de pensamento para cada tipo de caso, seria suficiente apenas conhecer a linha de pensamento para prever o êxito ou o insucesso em ação judicial sobre o assunto. Como, na prática, não há tamanha uniformidade, a busca de estratégias em cada caso é muito mais vasta: é preciso pesquisar o entendimento do juiz que vai julgar, saber os tribunais para os quais são cabíveis recursos e o entendimento adotado por eles, ter ciência do prazo médio de julgamento em cada instância para esse tipo de ação, entre muitas outras variáveis. Após coletar e compilar os dados das instâncias julgadoras, vem o trabalho mais refinado de produzir o conhecimento com base nessas informações.

As informações jurimétricas permitem pensar na definição de estratégias processuais com base no histórico de decisões em cada juízo ou instância. Isso consta no esquema a seguir.

Figura 3.3 – Como a pesquisa jurisprudencial auxilia na decisão de recorrer ou não de decisão judicial

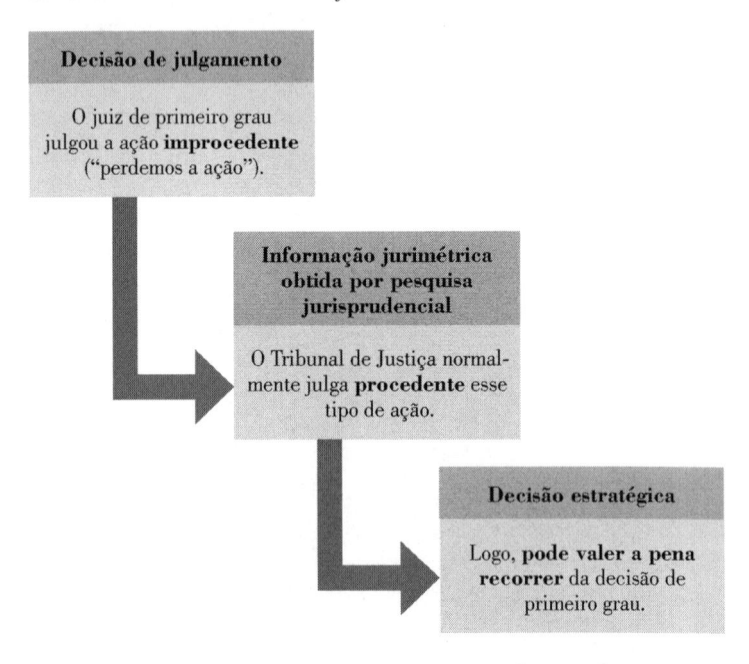

Decisão de julgamento

O juiz de primeiro grau julgou a ação **improcedente** ("perdemos a ação").

Informação jurimétrica obtida por pesquisa jurisprudencial

O Tribunal de Justiça normalmente julga **procedente** esse tipo de ação.

Decisão estratégica

Logo, **pode valer a pena recorrer** da decisão de primeiro grau.

Segundo esse exemplo, o entendimento do juiz de primeiro grau para o qual foi distribuída a ação é pela improcedência do pedido. Entretanto, o Tribunal de Justiça do Estado entende de forma diferente, de modo que a decisão poderá ser reformada (mudada) no Tribunal de Justiça. Podemos e devemos, ainda, considerar o entendimento que os tribunais superiores (Superior Tribunal de Justiça e Supremo Tribunal Federal) têm do assunto tratado na demanda. Quando é feita a aplicação da jurimetria e ela transmite essas informações, é possível delinear, já no início do processo, se vale a pena ou não levar o processo até as instâncias superiores do Poder Judiciário brasileiro.

> Por meio do emprego da jurimetria, é possível constatar que determinada demanda tem alto risco e que, possivelmente, a parte contrária vencerá. Assim, se há grande probabilidade de se perder ao final um valor de R$ 100.000,00, podemos reduzir os custos do processo para o cliente, antecipando-nos em procurar um acordo em menor valor – com concordância do cliente para isso. Assim, se não houver probabilidade de êxito, o processo sequer será julgado, buscando-se um acordo adequado em tempo oportuno antes do pronunciamento judicial final.

Essa estratégia, diga-se de passagem, pode funcionar bem para a defesa em processos trabalhistas. Nessas ações, o valor pode ser altíssimo e, dependendo do caso, ter grande chance de êxito para o trabalhador em muitos pedidos. Por outro lado, o trabalhador, não raro, pode estar enfrentando uma situação difícil e, por isso, mais disposto a acordar um valor menor imediatamente, em vez de aguardar um "possível" valor maior sem previsão para julgamento.

Em suma, com o entendimento que a jurimetria permite sobre o futuro do processo, aquele que tem poder de decisão pode: optar por recorrer somente se houver probabilidade de êxito (ou de outra maneira, se a intenção for atrasar o fim do processo ou defender uma nova tese); definir estratégias, como a de buscar ou não um acordo com a parte adversa; embasar petições com dados concretos, apontando julgamentos anteriores; aumentar a precisão do contingenciamento, isto é, gerir os riscos de maneira mais eficaz, pela maior clareza quanto ao que se espera em cada processo.

Alguns *softwares* jurídicos trazem soluções que facilitam a análise de dados, mas a maior parte do trabalho de jurimetria (que não é uma ciência exata), como a tomada de decisões com base nela, é realizada pelos profissionais humanos.

3.2 Gestão do conhecimento

Para a tomada de boas decisões é necessário analisar informações. Uma decisão que se baseia apenas em suposições pode ser útil para uma pessoa visionária e em casos excepcionais. As estratégias para o dia a dia de uma organização demandam conhecimento do negócio e obtenção de informações.

Na gestão do conhecimento, trabalha-se com quatro conceitos, os quais, na verdade, são uma evolução de um para outro:

1. **Dado** – *É a informação pura. Pode nada representar para algumas pessoas, pois o dado depende do contexto ou situação em que é utilizado e precisa ser interpretado. [...]*
2. **Informação** – *Podemos dizer que a informação é um conjunto de dados processados. As informações podem fornecer aos gestores parâmetros mais adequados para tomadas de decisão, para a caracterização mais precisa do mercado e para a definição de estratégias. [...]*
3. **Conhecimento** – *O conhecimento consiste na capacidade de saber utilizar as informações para poder tomar medidas que melhorem o desempenho organizacional. [...]*
4. **Gestão do conhecimento** – *Se a empresa dispõe desse conhecimento, não pode permitir que ele se perca. Assim, precisa armazená-lo para que várias pessoas e departamentos possam utilizá-lo quando precisarem.* (Campos, 2016, p. 117-118, grifo nosso)

De maneira simplificada, afirmamos que as informações advêm principalmente de duas fontes:
1. **Dados isolados**, obtidos do sistema interno da organização ou de fontes externas.
2. **Dados consolidados**, compilados e organizados, apresentados na forma de relatórios.

A frequência de consulta a uma ou outra dessas fontes varia conforme a organização e o nível de trabalho de cada colaborador. Por exemplo, a alta gerência de um grande escritório, que precisa ter uma visão clara do todo da organização a fim de tomar decisões estratégicas, usa mais frequentemente relatórios, os quais contém uma síntese organizada das informações de que necessitam. Por outro lado, aqueles que trabalham no nível operacional precisam de informações obtidas por consultas isoladas (por exemplo, informações sobre o processo de um cliente cadastradas no sistema do escritório; diário oficial; notícias de jornal; acesso ao sistema oficial do tribunal).

Sempre que o trabalho não é integralmente realizado por uma única pessoa responsável – ou seja, quando há uma equipe –, é necessário haver pelo menos um relatório periódico que traga as informações essenciais do trabalho conjunto. Esses relatórios devem, ainda, ser armazenados e organizados segundo uma política de gestão do conhecimento.

A elaboração de relatórios periódicos não é um acessório, mas uma necessidade de qualquer equipe de trabalho, mais ainda de uma organização profissional.

> Relatórios não são elaborados para apresentar gráficos bonitos visualmente, ou números impressionantes, sem qualquer significado prático, muito menos para encher gavetas (ou discos rígidos de computador). Cada relatório deve ter um propósito, e sua análise deve ser útil por conter informações relevantes para a tomada de decisões ou para o acompanhamento de indicadores.

Uma informação só é importante quando atende conjuntamente a dois critérios: **relevância** e **pertinência**. Ao elaborar um relatório que envolva a disponibilidade de muitos dados, tenha cuidado para não misturar dados úteis com dados pouco úteis ou sem serventia alguma para o propósito do relatório, cuja presença mais pode atrapalhar do que ajudar. Atente para este exemplo em outra esfera: a condenação de um político importante por corrupção é assunto relevante, que pode trazer vários desdobramentos. Certamente, essa informação e sua repercussão na mídia impactarão a visão pública sobre seu partido político e até sobre o escritório de advocacia que patrocinou sua causa, defendendo-o. Dessa maneira, para essas organizações, a informação não só é relevante, mas também pertinente, e a informação deve ser analisada e constar em relatório próprio para a tomada de decisões. Agora, para um escritório de advocacia na área de direito de família, que atua em determinado bairro da cidade, a informação não tem pertinência porque não guarda qualquer relação com o negócio nem o impacta diretamente. Por isso, deve ser ignorada.

Nesse sentido, Schier (2013, p. 205) explica:

> *As principais características dos relatórios gerenciais são:*
> » *as informações devem ser contidas num sistema definido de relatórios periódicos;*

> » as informações devem ser oportunas, antecipando-se ao momento da tomada de decisão;
> » as informações devem ainda ser econômicas, isto é, não ter um custo de apuração maior que o benefício disponibilizado;
> » devem ter um nível de detalhamento que proporcione a leitura da situação com consistência.

Assim, para o autor, "um bom conjunto de relatórios deve possuir utilidade, rigor, independência, consistência, clareza, concisão, oportunidade, economia e objetividade", sugerindo ainda que sejam ouvidos os usuários desses relatórios – que o utilizarão para o conhecimento de informações importantes e para a tomada decisões –, a fim de mensurar a utilidade dos relatórios e identificar possíveis falhas ou necessidade de novas informações (Schier, 2013, p. 205).

Para Luz (2014, p. 43, grifo do original), que também trabalha o tema, "**informação** é uma combinação de dados ou quaisquer elementos que, isoladamente, não induzem o gestor a uma ação. [...]. Quando a informação cumpre determinados requisitos que a tornam útil para uma decisão, dizemos que é uma *informação gerencial*. Nesse caso, ela conduz o decisor a uma ação que agrega valor à empresa".

O autor trata de basicamente **três requisitos** que podemos aplicar aqui para que uma informação seja digna de ser levada aos decisores, ou, em outras palavras, requisitos para que uma informação seja **gerencial** (Luz, 2014, p. 44-47):

a. **Benefício > custo**: o benefício de uma informação deve ser maior do que o custo para gerar e distribuir essa informação.

b. **Compreensibilidade**: o usuário deve entender a informação. Se a falta de compreensão não for problema da informação, mas da cognição do usuário, não falta compreensibilidade à informação, trata-se de sinal de que os usuários que receberão o relatório de informação gerencial devem passar por treinamento.

c. **Utilidade**: uma informação compreensível pode ser útil na tomada de decisões, desde que seja segura e eficaz para motivar adequadamente uma decisão. Isso ocorre com o atendimento dos requisitos de relevância e confiabilidade.

c.1. **Relevância**: há relevância quando a informação é oportuna. Esse requisito é também chamado de *tempestividade*, porque denota que a informação deve estar disponível no momento adequado para a decisão.

c.2. **Confiabilidade**: uma informação é confiável quando pode ser verificada, testada. "Nisso reside a importância de que as informações sejam produtos de sistemas estruturados de informações, possibilitando o acesso e a reconstrução destas no momento em que desejarmos" (Luz, 2014, p. 45). A informação deve ser neutra, não objetivando promover o interesse de quem a transmite por meio de distorção de dados.

Nas organizações, são comuns o arquivamento cuidadoso de documentos que nunca foram nem serão lidos, a geração de relatórios que não chegam às mãos daqueles a quem deveriam chegar, o planilhamento de informações que causam impacto pela beleza de sua apresentação, mas não têm potencial de levar a resultados concretos. Essas falhas no processo interno acontecem, entre outros motivos, em razão da ausência de comunicação entre as instâncias de trabalho, da falta de organização ou da definição imprecisa dos objetivos.

Quando se trata de definir o que é necessário ter, guardar e produzir, é preciso utilizar o senso de importância das informações.

Síntese

As práticas e as ferramentas da gestão jurídica são inúmeras, podendo ser adotado o conhecimento da administração de modo geral. Analisamos, aqui, apenas algumas delas, tidas como essenciais ao bom andamento da gestão de uma organização jurídica.

No tocante à gestão do conhecimento, a utilidade das informações obedece a alguns requisitos mínimos: seu custo-benefício, sua compreensibilidade e sua utilidade (esta traduzida em relevância e confiabilidade). Dados que não sejam pertinentes e relevantes não devem compor relatórios nem, de outro modo, ocupar desnecessariamente o tempo dos gestores.

Questões para revisão

1) Com base nas ferramentas e nas práticas estudadas, assinale o conceito que corresponde à seguinte definição: "é a utilização de métodos de mensuração e estatística em processos judiciais:
   a. Pró-labore.
   b. Indicadores de desempenho.
   c. Jurimetria.
   d. Remuneração em escala.
   e. Gestão do conhecimento.

2) Quais são os pilares que fundamentam uma gestão jurídica eficaz? Analise os itens e assinale a alternativa correta:

I. Controladoria jurídica.
II. *Software* de gestão.
III. Gestores com formação em Direito.
IV. Manual de procedimentos.
V. Computador de última geração.

a. São corretos apenas os itens I e IV.
b. São corretos apenas os itens I e II.
c. São corretos apenas os itens I, II e III.
d. São corretos apenas os itens I, II e IV.
e. São corretos apenas os itens I, II e V.

3) Pedro é gestor jurídico júnior (em início de carreira) no escritório Bernardes e Campos Advocacia Civil e Tributária. Além dos três sócios, há sete advogados contratados, e o sistema de gestão atribui automaticamente algumas tarefas aos advogados, com vistas a manter o mesmo nível de trabalho. No entanto, ao observar alguns dados durante a elaboração de relatório de produtividade, Pedro percebeu que dois dos advogados contratados não estavam recebendo as tarefas que diziam respeito aos protocolos internos, denotando uma possível falha do *software*. Considerando as qualidades da informação, no contexto do escritório jurídico em que Pedro trabalha, essa informação:

a. é pertinente e relevante.
b. não é pertinente e não é relevante.
c. é pertinente, mas não é relevante.
d. não é pertinente, mas é relevante.
e. é falsa.

4) Todos os escritórios jurídicos devem adotar a estratégia do "prazo: d–1"? Justifique sua resposta.

5) O que é jurimetria e para que ela é útil?

Questões para reflexão

1) Qual é a relevância da classificação de cada processo em área do direito e tipo de ação?

2) Considere que 20 clientes do escritório de advocacia em que você trabalha tiveram resultado negativo em um mesmo tipo de ação que o escritório patrocinou, com as mesmas razões de fato e a mesma legislação envolvida. Como você decidiria se vale a pena ingressar com recurso contra essas decisões ou não?

IV

Conteúdos do capítulo:

» A inovação na controladoria jurídica.
» Automação de trabalhos.
» Tecnologias aplicadas à gestão jurídica.

Após o estudo deste capítulo, você será capaz de:

1. apontar como a inteligência artificial contribui para a gestão jurídica;
2. entender a importância da tecnologia na gestão jurídica;
3. compreender a utilização de *software* específico para a controladoria jurídica.

Neste último capítulo, abordaremos um importante fator agregador para os conceitos trabalhados até aqui: a inovação. O foco aqui são a inteligência artificial e os recursos de *softwares* de

Inovação

gestão legal, visto que são pilares da inovação tecnológica no âmbito da gestão jurídica.

Todavia, demonstraremos também que há inovação em boas práticas de atuação profissional, mesmo que isso não envolva diretamente a tecnologia, como a gamificação, sempre com vistas a melhorar e a atingir objetivos definidos pela organização.

4.1 Criatividade e inovação nos tempos de hoje

Martha Gabriel (2014), em uma palestra sobre criatividade e inovação, contou a história a seguir:

> Duas mosquinhas caíram em um copo de leite. As duas mosquinhas ficaram desesperadas, pois não conseguiam sair do copo de leite. Uma delas dizia: "Nós vamos morrer, não dá para sair daqui", e a outra encorajava: "Vamos continuar tentando, vamos, bata as suas perninhas". Uma desistiu e morreu, e a outra continuou tentando, batendo as pernas e as asinhas; com o chacoalhar, o leite virou manteiga, ela pôde sair viva.
>
> Alguns anos depois, essa mesma mosquinha sobrevivente, sobrevoando com outra mosquinha amiga, caiu em um copinho de refrigerante. Tinha um canudinho e, por isso, uma mosquinha disse: "Vamos sair pelo canudinho?". A outra respondeu: "Não, não, vamos continuar batendo as perninhas que a gente vai conseguir sair". A mosca que ficou batendo as pernas morreu, a que viu o canudinho decidiu sair por ele e se salvou.

Vivemos em tempo de turbulência (como caídos em um copo de refrigerante), mas viver neste tempo não é, por si só, um problema. A mesma turbulência pode afetar dois comandantes aéreos; um pode sair dela ileso, e o outro, com o mesmo modelo de avião, pode cair. O problema não são as novas turbulências, mas sim viver com a lógica do passado.

> ## Para saber mais
>
> GABRIEL, M. **A lagarta e a borboleta – da criatividade à inovação**: Martha Gabriel at TEDxJardimdasPalmeiras. 6 fev. 2014. Disponível em: <https://www.youtube.com/watch?v=d9oAIsEBclI>. Acesso em: 9 jul. 2020.
>
> Se você quiser conhecer mais acerca dos novos tempos e das habilidades necessárias para vivê-los, recomendamos assistir a essa palestra de Martha Gabriel, especialista em *marketing*, no TEDxTalks.

O que antes funcionava pode não dar certo hoje, ou até pode ser eficaz, mas menos eficiente. O advogado que, uma década atrás, comandava seu escritório praticamente sozinho, com 20, 50 ou 100 arquivos de metal, com pastas dos clientes e seus processos, então com muito sucesso e bons resultados, não teria condições de competir no mercado hoje – e, com a digitalização dos processos, sequer de trabalhar – se não atualizasse sua estrutura e seu modo de pensar.

O presente mostra que somos cada vez mais ajudados pela tecnologia, que permite realizar o trabalho racional, deixando o trabalho mecânico para as máquinas. Aqueles profissionais da área jurídica que não têm nenhum *software* ou serviço para aumentar sua produtividade podem ter algum resultado hoje, mas, com o passar do tempo, podem vir a sofrer com o aumento da carga de trabalho e sem a estrutura correspondente para atender aos tempos de turbulência. Entre as facilidades que a tecnologia traz ao trabalho jurídico, podemos citar os modelos digitais de documentos e *software* para cadastro de clientes e informações de processos. O advogado terá mais dificuldade se, em vez dessas ferramentas, somente contar com modelos físicos (isto é, em papel) das petições e uma simples planilha eletrônica para controle dos processos.

> Adquirir um *software* e contratar um controlador jurídico, ainda que em tempo parcial, são custos que não podem ser desprezados, pois são, em geral, elevados. A questão é que essas aquisições compensam, seja para o escritório de advocacia, seja para a organização que tem serviços jurídicos próprios. O investimento em *software* de gestão e em um gestor traz economia, pois evita retrabalho e mau gerenciamento do tempo dos profissionais, bem como torna mais eficiente e correta a obtenção e a consolidação de dados para a tomada de decisões.

Vamos a um exemplo. Sem um gestor especializado, teríamos esta situação provável: o sócio majoritário do escritório quer um relatório com a quantidade de processos com cada advogado, então ele pede a cada advogado que informe quantos processos estão ativos e quantos casos aguardam o protocolo de petição inicial. Ele solicita a cada um de seus 20 advogados essas duas informações simples: de quantos processos cada um está cuidando e quantos novos processos logo terão, depois do protocolo da petição inicial. Os advogados passarão uma hora, duas horas ou o dia inteiro, dependendo da quantidade de casos e de sua organização pessoal, elaborando planilhas eletrônicas para apresentar ao seu superior. Ou, melhor, os 20 vão elaborar as planilhas e passar para alguém entre eles com melhor conhecimento de tecnologia para conferir superficialmente a plausibilidade dos dados, evitando algum erro grave na contagem ou na digitação, e compilá-los todos em um único relatório, em formato padronizado, em uma única planilha (com um gráfico de *pizza* a fim de ficar mais bonito) e, depois, enviarão ao superior. Talvez você já tenha vivenciado uma situação assim.

Se o superior não quiser apenas número de casos e de processos, mas também saber quantos estão em fase de recurso e qual foi o resultado na primeira instância, isso, além de trabalhoso, demorará muito mais, porque os próprios advogados precisarão consultar os processos um a um para ter essas informações. Como é um trabalho extenuante, em massa, e executado manualmente, também é alta a probabilidade de algum erro.

O mesmo raciocínio vale caso se queira saber qual foi o resultado financeiro de cada advogado nos últimos 12 meses, quantos acordos foram feitos e tantas outras informações imprescindíveis para se ter um panorama do trabalho do escritório e ter base para a tomada de decisões. Com um profissional gerindo a alimentação e a atualização de um *software* adequado, essas informações podem ser tidas em tempo real, em qualquer dia que se queira, sem gastos financeiros para cada relatório e sem que os advogados percam minutos preciosos para gerar informações manualmente sob demanda.

O investimento em um gestor ou em uma equipe de gestores e em *software* adequado compensa tanto pelos resultados gerados quanto pela tranquilidade de todos na organização, de terem tudo em ordem, em benefício do clima organizacional. No entanto, esse investimento é somente o primeiro passo.

Desde agora é possível contratar soluções de automação de passos não só para a gestão, mas também para a própria produção jurídica – e, em breve, esses *softwares* (ou robôs) serão um item importante para investir. Passamos a conhecer, a seguir, alguns entre os muitos que existem.

4.2 Inteligência artificial: uma realidade

Alguns pensadores apontam que, em poucas décadas, vários postos de trabalho desaparecerão e tantos outros surgirão em razão do avanço tecnológico. Uma estimativa popular, apontada no Fórum Econômico Mundial (World Economic Forum, 2016, p. 3), prevê que 65% das crianças que hoje entram no primeiro ano escolar vão trabalhar em empregos que ainda não existem. Já a empresa Dell, ao pensar sobre o futuro em *Realizing 2030: A Divided Vision of the Future* (Dell Technologies, 2015b, p. 3), prevê que 85% dos empregos que existirão em 2030 não foram criados ainda. Os números e tempos variam nas previsões de cada um, mas a tendência é clara: a tecnologia está mudando o modo como nos relacionamos com o mundo, o que já é um fato muito claro na comunicação e será cada vez mais impactante no trabalho.

Citamos Marcos Aurélio Silva (2018) para conceituar a inteligência artificial, grande avanço da tecnologia nas últimas décadas e, mais particularmente, nos últimos anos:

> *Quando se fala em Inteligência Artificial estamos nos referindo a uma área da ciência da computação que trabalha com a elaboração de sistemas que simulem a capacidade humana de raciocinar, perceber, tomar decisões*

e resolver problemas, ou seja, ter a total capacidade de ser inteligente.

Na década de 40 surgiram as primeiras pesquisas na área com objetivo de encontrar novas funcionalidades para o computador, ainda em projeto. Durante a II Guerra Mundial, essa necessidade é ampliada por conta do impulsionamento da indústria bélica.

O conceito mais claro sobre essa tecnologia caracteriza a Inteligência Artificial como uma série de algoritmos matemáticos ou estatísticos que permitem que máquinas desenvolvam raciocínios aproximados ao raciocínio humano para determinadas atividades.

Além disso há o desenvolvimento de processamento e cognição semântica, que permite, por exemplo, que uma máquina consiga interpretar mensagens de um texto, e reajam a imagens.

Também existem algoritmos que permitem o aprendizado por meio de um histórico de decisões, seja com a supervisão de humanos ou por análise estatística. (Silva, 2018)

O avanço tecnológico e, particularmente, a inteligência artificial estão também se desenvolvendo no campo jurídico. No Brasil, os reflexos do desenvolvimento da inteligência artificial no mercado jurídico e parajurídico resultaram, em 2018, na criação da Associação Brasileira de Lawtechs e Legaltechs (AB2L). Segundo seu manifesto, a associação tem como objetivo "criar um espaço de diálogo entre as empresas de tecnologia, os advogados, os escritórios de diferentes portes, os departamentos jurídicos e as instituições jurídicas existentes" (AB2L, 2018).

Na área jurídica, os produtos de inteligência artificial ainda não estão tão avançados quanto em outras áreas, principalmente porque envolvem o conhecimento da linguagem humana. Todavia, já estão disponíveis com êxito para utilização por aqueles que têm recursos para adquirir esses produtos e têm necessidade deles. Ao menos dois desses produtos de inteligência artificial jurídica têm já alguma repercussão: o ROSS e o Watson.

O **ROSS** é uma ferramenta de inteligência artificial que entende a linguagem natural e, com base em questões elaboradas, traz resultados pertinentes de respostas, bem como casos semelhantes e seus resultados. Ele é descrito na página oficial como ferramenta de inteligência artificial desenhada para aumentar a eficiência, a acurácia e a utilidade das pesquisas jurídicas. Literalmente, a empresa se coloca como uma fabricante de produtos baseados em inteligência artificial, "para aumentar as habilidades cognitivas dos advogados" (ROSS, 2020b, tradução nossa).

O ROSS emprega inteligência artificial não para o trabalho jurídico mais refinado, de atendimento de clientes, entendimento dos casos por ele trazidos e proposta de resolução, mas sim, com maior ênfase, para trazer **resultados de pesquisa jurídica** na forma de perguntas e respostas, como se estivesse conversando com outro advogado (ROSS, 2020a). É uma pesquisa com qualidade ímpar, disruptiva, acima do nível de simples motores de busca, mas ainda assim não é substituto de um gestor, pesquisador ou advogado, os quais, aliás, são necessários até mesmo para operá-lo, inserindo as coordenadas corretas para as buscas. Outras capacidades dele são a análise, a crítica e a melhoria de peças jurídicas, sempre dependendo do melhor trabalho humano como matéria-prima de suas revisões e respostas. Pinheiro (2018, p. 34) dá exemplo do direito digital ao afirmar que, nas provas eletrônicas e perícias digitais, o "profissional do direito precisa saber ter a melhor técnica jurídica para perguntar para a máquina o que aconteceu, e isso deveria ser ensinado nas graduações de Direito".

O **Watson** é outra ferramenta de inteligência artificial, desenvolvido pela IBM como uma plataforma de reconhecimento de voz e interação com seres humanos para utilização em qualquer esfera para a qual ganhe uma programação específica – atendimento em *call center*, *chatbot* (diálogo textual por ferramentas de *chat*), inteligência de vendas (conhecimento da necessidade do cliente e oferta oportuna de produtos e serviços) e diversas outras aplicações, de respostas a perguntas triviais até diagnóstico de doenças e sugestões de tratamento médico (IBM, 2020c). Dessa maneira, o Watson não é voltado para uma área específica e não tem enfatizado a área jurídica, embora possa ser construído para atender cada vez mais a esse campo.

> O Watson foi originalmente concebido para competir no mais tradicional programa americano de perguntas e respostas, o Jeopardy!, no ar desde 1964. A ideia inicial da inteligência artificial que viria a se tornar o Watson foi pensada em 2004, por Charles Lickel, pesquisador da IBM. Em um jantar com colegas de trabalho em 2004, ao ver praticamente todo o restaurante quieto e apreensivo olhando para a televisão, Lickel verificou que a causa era um jogo do Jeopardy! com Ken Jennings, que estava então na metade de sua jornada em que ganharia 74 programas seguidos. Ele teve ali a motivação para mobilizar outros pesquisadores da IBM a criar uma inteligência artificial que pudesse vencer nesse programa.

Após quase sete anos de desenvolvimento desde a ideia inicial, o Watson participou do Jeopardy! em janeiro de 2011, competindo contra Ken Jennings e Brad Rutter, dois dos mais bem-sucedidos participantes do programa, e venceu (Bracht, 2011; Best, 2013).

Cases de sucesso do Watson relacionados ao apoio da gestão e ao auxílio de tomada de decisões estão em uso pela Thomson Reuters, que o utiliza como uma espécie de consultor jurídico, e por seguradoras, que têm no *software* um analista de informações. A Thomson Reuters o utiliza com uma ferramenta de perguntas e respostas, em que profissionais fazem uma pergunta ao *software*, utilizando linguagem natural, e obtêm, de maneira rápida, respostas precisas e seguras sobre normas de privacidade de dados (IBM, 2020b).

Para as companhias de seguro, a ferramenta de análise do Watson permite dar respostas 25% mais rápidas aos clientes que as procuram para reembolso. O processo funciona de maneira simples:

> *Como uma seguradora está trabalhando com o Watson*
> *– Um cliente invoca a seguradora.*
> *– Funcionários coletam informações relevantes sobre o incidente.*
> *– Funcionários inserem as informações no sistema.*
> *– O Watson trabalha nos bastidores com os funcionários para ajudar a determinar a admissibilidade do pedido e o percentual que deve ser pago.*
> *– Funcionários usam uma aba para acessar as recomendações do Watson e decidir como melhor proceder com o pagamento.*
> *– Funcionários então avaliam o pedido de modo mais eficiente, salvando horas de trabalho a cada mês.*
> (IBM, 2020a, tradução nossa)

A IBM afirma que o Watson é o primeiro caso de inteligência artificial realmente inteligente, considerando-se *inteligente* aquela que é capaz de aprender e de construir novos conhecimentos para as quais não foi projetada. Dessa maneira, atribui-lhe o conceito de "solução cognitiva" (D'egmont, 2016).

Podemos ainda citar o **LawGeex**. Seu objetivo é encontrar cláusulas arriscadas em contratos de negócio e, segundo sua página oficial, ele é a primeira ferramenta de inteligência artificial que superou advogados humanos na atividade jurídica. Os 20 advogados chamados a competir tinham experiência na revisão de contratos em empresas como Cisco e Goldman Sachs, bem como em escritórios globais de advocacia. Na competição, que envolvia a análise de cinco termos de confidencialidade, a acurácia do LawGeex foi de 94%, contra a média de 85% dos advogados. Ao passo que os advogados precisaram de uma média de 92 minutos, a inteligência artificial levou um total de 26 segundos para analisar os cinco contratos. Os resultados foram avaliados com imparcialidade por professores de universidades americanas (LawGeex, 2018).

> **Para saber mais**
>
> LAWGEEX. **AI vs. Lawyers**: the Ultimate Showdown.
>   Disponível em: <https://www.lawgeex.com/AIvsLawyer>.
>   Acesso em: 9 jul. 2020.
>   Confira, nesse *link*, o estudo completo (em inglês) sobre a competição de advogados contra o LawGeex.

No Brasil, o Supremo Tribunal Federal (STF) também vem implementando a inteligência artificial – não para julgar, mas para uma análise automatizada de filtragem de processos. A página oficial do órgão assim esclarece:

Presidente do Supremo apresenta ferramentas de inteligência artificial em Londres

A ferramenta de Inteligência Artificial "VICTOR" e o Processo Judicial Eletrônico (PJe) foram apresentados pelo presidente do Supremo Tribunal Federal (STF) e do Conselho Nacional de Justiça (CNJ), ministro Dias Toffoli, nesta quinta-feira (5), em Londres. A palestra faz parte do seminário "Novas Tendências do Direito Comum – Inteligência Artificial, Análise Econômica do Direito e Processo Civil", que reúne profissionais do Direito, estudantes e acadêmicos do Brasil e do Reino Unido.

"O programa VICTOR, que está em fase de estágio supervisionado, promete trazer maior eficiência na análise de processos, com economia de tempo e de recursos humanos", disse Toffoli. As tarefas que os servidores do Tribunal levam, em média, 44 minutos, o VICTOR fará em menos de 5 segundos. Porém, garante o ministro, o investimento tecnológico não dispensa o investimento no capital humano. "A informatização das rotinas de trabalho exige a requalificação da força humana". (Brasil, 2019)

Longe de desanimar os trabalhadores humanos nas áreas jurídicas e parajurídicas com esses exemplos de sucesso, queremos por eles mostrar que a inteligência artificial ainda está longe da inteligência real em muitos aspectos. Segundo a Dell Technologies (2015a), as três competências humanas que serão mais valorizadas em 2030 são: impulso criativo, lógica e inteligência emocional. A habilidade com a tecnologia e a capacidade de julgamento e de tomada de decisões complexas vêm em seguida. Pinheiro (2018, p. 4) destaca que "a tecnologia potencializa cada vez mais o trabalho dos profissionais, oferecendo, entre várias informações, experiências únicas e personalizadas aos usuários".

Assim, o ser humano precisa reinventar a si mesmo e apostar em **inovação** – que é diferente de **invenção**!

> Muita gente confunde inovação com invenção. São coisas bem diferentes. Invenção tem mais a ver com engenhocas mirabolantes, produtos imaginativos mas que não obrigatoriamente solucionam um problema. Já inovar significa fazer algo melhor do que já foi feito antes, com o objetivo claro de atender a uma determinada necessidade.
>
> Invenções são para sujeitos como o Professor Pardal. Inovações são para pessoas práticas, como eu e você: gestores e profissionais que buscam uma forma mais eficiente de fazer as coisas. É possível ser inovador nas tarefas menores e corriqueiras, em cada etapa de um processo. Qualquer ganho, por mínimo que seja, é uma forma de inovação.
>
> Inventar requer originalidade. Inovar, nem sempre: algumas das idéias mais revolucionárias são, na verdade, velhas fórmulas resgatadas e combinadas. [...]
>
> Inventar exige talento. Inovar exige apenas disciplina: basta incorporar esse espírito no seu dia-a-dia. Como disse certa vez Aristóteles: "Somos o que repetidamente fazemos. A excelência, portanto, não é um feito, é um hábito.". (Domingos, 2009, p. 290-291)

Para a tomada de decisões inteligentes, argumentação, compreensão profunda de situações e relacionamento com pessoas, o ser humano é imbatível. O futuro é imprevisível, e o futuro tecnológico surpreende a cada geração. Ainda assim, arriscamos dizer que não viveremos para ver o dia em que um computador será capaz de escrever um livro, seja ficcional, seja técnico, redigir uma petição ou gerenciar sozinho um escritório com a mesma qualidade de um ser pensante.

Nessa realidade da inteligência artificial impregnada no cotidiano de muitos profissionais, há uma questão. Ferramentas de inteligência artificial, seja qual for o nome que adotem – sistemas, máquinas, robôs, *softwares* –, representam não só facilidades, mas potenciais problemas. Esses robôs são alimentados, cada vez mais, com dados sensíveis, e agora também com as questões legais da vida de pessoas e empresas. À medida que casos legais são consultados por esses sistemas, certamente – ou muito provavelmente – esses dados vão ficando armazenados em um servidor, com os riscos inerentes associados à virtualização e à propagação de dados.

> *Vivemos novos tempos, em que a documentação das relações cresceu sobremaneira, aumentando, também, a responsabilidade. Tecnologia e informação são recursos muito poderosos e exigem preparo para que o conhecimento seja aplicado de forma benéfica, evitando os riscos de danos colaterais desastrosos.* (Pinheiro, 2018, p. 37)

Por isso, dois desafios da inteligência artificial jurídica são: "privacidade e proteção de dados e da cibersegurança" e "como fazer a transição para uma sociedade muito mais robotizada, e que isso contribua para a melhoria da qualidade de vida das pessoas" (Pinheiro, 2018, p. 37). Tais questões se apresentam não às máquinas, que não têm inteligência verdadeira, muito menos interesse em resolver esses dilemas, mas aos seres humanos que as criam e as operam, e não para que elas subvertam a ordem (social e jurídica), mas sim para que contribuam com sua manutenção.

4.3 Recursos de *softwares* de gestão legal

A tecnologia está presente em praticamente tudo de que falamos até este ponto, desde o cadastro de um novo cliente até os indicadores de gestão e a elaboração de relatórios. Em suma, como apoio de toda a atividade da controladoria jurídica.

Uma ferramenta de gestão que sirva muito bem para determinado escritório pode não ser útil para outro. Da mesma maneira, um *software* para controladoria utilizado por uma grande empresa pode mais atrapalhar do que ajudar se for implementado em um departamento jurídico com três ou quatro advogados.

Como nem todas as organizações são iguais, também há diferentes *softwares*, e cada *software* tem ainda opções de adaptação a cada organização. Conforme vimos, a gestão jurídica se fundamenta em três pilares: (1) controladoria jurídica, (2) *software* de gestão e (3) manual de procedimentos.

Agora, cabe entrar na questão do *software* de gestão, que é a ferramenta da informática capaz de auxiliar o *controller*, o gestor jurídico, em suas atividades em prol do escritório, departamento jurídico ou outra organização em que trabalhe. Na automação da gestão jurídica por meio do uso de *software*, dois conceitos são fundamentais: modularização e parametrização.

Parametrização é a configuração do *software* para atendimento das necessidades específicas da organização. Significa dizer que o *software* pode ser configurado e otimizado para atender melhor e com mais presteza àquilo que a empresa precisa em suas especificidades. Normalmente, esse processo é feito pelos próprios desenvolvedores ou pela equipe de suporte a pedido da organização. Se houver a possibilidade de configuração do *software* e conhecimentos internos para isso, pessoas da própria organização podem trabalhar na parametrização.

O processo de parametrizar é vasto. Se as pessoas do escritório normalmente têm alguma dificuldade de enxergar, a parametrização em seu nível mais básico pode envolver o uso de ícones e letras em tamanho maior. Do mesmo modo, se o *software* não prevê teclas de atalho para as funções, mas os atalhos de teclado podem aumentar a produtividade da equipe e diminuir riscos de lesão por excessivo uso do *mouse*, tal configuração pode ser solicitada.

Tudo isso – não é demais repetir – de acordo com a análise e a discussão das necessidades por parte da cúpula e da equipe da organização, de preferência com a participação direta do *controller*. Assim, em alguns casos, o *software* pode ser personalizado, por meio da parametrização, para melhor se adequar ao destinatário.

Outro modo de o *software* atender às especificidades de cada negócio é a **modularização**. É o modelo utilizado por muitos ou quase todos os *softwares* de gestão comercializados.

Figura 4.1 – Funcionamento de um sistema modular

Um **sistema modular** é aquele que permite que mais ou menos recursos façam parte do sistema-base, à escolha do cliente. Trata-se da possibilidade de adquirir pacotes (módulos) diferentes para o *software*.
Significa dizer que o *software* de base (sem módulos adicionais) tem determinadas funções, mas é possível adicionar outros recursos por meio da aquisição ou da contratação de módulos ou serviços específicos (por exemplo, módulo de atualização automática de processos, módulo para inserção de vídeos no sistema etc.).

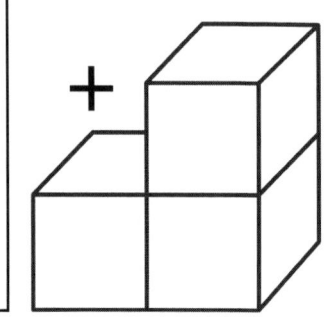

O orçamento disponível pode não permitir ter o *software* mais avançado, com todos os módulos e recursos existentes. Entretanto, devem ser considerados alguns pontos importantes na escolha do **software de gestão jurídica**. Confira:

a. **Facilidade de uso.** O teste prático do *software* por alguns dias (idealmente, algumas semanas) é essencial. Ele precisa atender às necessidades de operação do gestor e de outras pessoas que terão acesso direto a ele (possivelmente os advogados também poderão operar o sistema, além do *controller*).

b. **Compatibilidade com diversos sistemas.** Além do Windows, outros sistemas operacionais vêm ganhando espaço, como o Mac OS, o Linux e sistemas para dispositivos móveis. Se nem todos os colaboradores da empresa utilizam o mesmo sistema, é preciso atentar para a compatibilidade do *software* com todos.

c. **Trabalho on-line e off-line.** Atualmente, há *softwares* que funcionam totalmente *on-line*, no *site* do seu desenvolvedor. Embora traga muitas vantagens (como a facilidade de acesso e a compatibilidade com diversos sistemas), pode ser uma escolha arriscada, considerando a instabilidade da internet em alguns locais do país, eventual queda de servidor etc. O sistema *on-line* permite acesso remoto ao *software*, isto é, o acesso ao sistema de onde quer que se esteja, desde que haja conexão com a internet – pode não ser uma necessidade da organização, se não se deseja que os colaboradores tenham acesso ao sistema quando estiverem fora do ambiente físico da empresa. Cabe a cada organização considerar esse ponto de acordo com suas necessidades e possibilidades.

d. **Possibilidade de executar *backup* de dados em servidor confiável (*backup* na nuvem).** Todos os dados devem ter uma cópia guardada em, pelo menos, um local além do próprio sistema e, idealmente, em dois ou mais locais, um na internet (nuvem) e um em mídia física (*pen drive*, HD externo, DVD etc.). O *backup* deve ocorrer, pelo menos, a cada semana e, se o sistema permitir isso de maneira automatizada, não haverá perigo de esquecer nem se perderá tempo com a tarefa.

e. **Integração com outros setores.** Se considerada de maneira fechada, a controladoria jurídica assume a gestão da atividade jurídica estritamente falando; portanto, é a isso que o *software* deve atender. No entanto, há demandas paralelas aos serviços jurídicos, mas conectadas com eles, das mais simples às mais complexas: o pagamento de advogados e demais colaboradores, a lembrança da data de aniversário de clientes com antecedência para envio de cartão personalizado, entre outras. Não têm relação direta com o serviço jurídico ao cliente (mas com a imagem da empresa, com o relacionamento com clientes, com gestão de pessoas) e, todavia, são parte integrante do cerne da empresa. Se o *software* trouxer de forma integrada essas funções que a empresa utiliza, todos os dados serão consolidados nesse único sistema e essas tarefas fluirão melhor.

f. **Número de usuários e personalização do acesso de cada um.** Em regra, o *software* fica mais caro de acordo com o número de usuários que serão autorizados a utilizá-lo. Considere essa variável na escolha do *software*, bem como a possibilidade de personalizar a que informações cada usuário terá acesso. Na personalização, esse é um ponto fundamental: não dar permissão total a cada usuário. Não é necessário que cada advogado possa editar o nome do cliente no sistema, por exemplo; esses campos de informação sensível são mais bem gerenciados se a edição ficar restrita a um gestor e sem possibilidade de mudança, a não ser com autorização do superior. Igualmente, é necessário impedir que um advogado possa apagar um andamento já cadastrado no sistema, permitindo-se apenas o cadastramento – não apenas para se precaver de má-fé, mas fazendo o sistema à prova de erros humanos, como o de clicar em um "X" inadvertidamente depois de um dia cansativo de trabalho. O *software* deve permitir esse nível de proteção de dados e personalização de acesso.

g. **Integração com os sistemas de processo eletrônico.** Organizações optam com frequência por *softwares* de gestão jurídica cujos desenvolvedores sejam do mesmo estado, em razão da tendência de haver maior conhecimento do(s) sistema(s) de processo eletrônico daquele estado (como PJe, Projudi, e-SAJ). Na aquisição de uma solução de informática para a organização, devemos levar em conta a integração com os sistemas utilizados nos órgãos do Judiciário perante os quais se atua. A integração pode incluir, dependendo do *software* e das possibilidades oferecidas pelo sistema de processo eletrônico oficial: a obtenção automática das informações processuais e da movimentação processual, o *download* das peças por meio do próprio *software*, a visualização de intimações etc.

h. **Consulta de intimações.** Como um *software* à parte, ou integrante do próprio *software* de gestão jurídica, é quase essencial ter uma ferramenta de leitura do diário oficial. Mesmo com o processo eletrônico disseminado, ainda há casos de intimação e notificação dos advogados por meio do diário oficial, bem como ainda há lugares em que os processos são físicos e, então, o diário oficial de cada local é o meio utilizado pelo Judiciário para a intimação dos advogados. O *software* procura nos diários o nome ou o número da OAB do advogado ou dos advogados que contrataram o serviço e envia as intimações e as notificações para um endereço de *e-mail* designado ou exibe no próprio *software*. Normalmente, o custo da mensalidade varia de acordo com a quantidade de diários oficiais consultados (se abrange mais de um estado, mais cara é a assinatura do serviço).

i. **Suporte.** Todo produto humano é suscetível a erro. Caso ocorra uma falha que impeça a abertura do sistema ou que um cliente seja apagado do sistema por *bug* do *software*, ou não se saiba como utilizar um recurso no momento em que se necessita dele, o suporte do desenvolvedor precisa ser rápido e efetivo. Assim, um corpo técnico disponível é um ponto fundamental da escolha do *software*. Consulte a disponibilidade do suporte antes de fechar negócio: pesquise na internet quem utiliza o *software* e já precisou do suporte; quando estiver no período de testes, ligue para o número fornecido ou mande *e-mail* com alguma dúvida sobre a utilização do *software* e anote se o atendimento é rápido e eficaz, e considere esses pontos em sua escolha.

j. **Capacidade de exportar a base de dados** para um formato amplamente aceito (por exemplo, exportação da base de dados de clientes e processos para uma planilha de Excel). Essa função é essencial caso a empresa criadora do *software* venha a falir ou se for necessário mudar de *software* futuramente, porque os dados serão acessíveis

mesmo sem o sistema que os criou. Caso já existam dados a serem importados para um novo sistema, a aceitação desses dados pelo novo *software* a ser escolhido também deve ser ponderada.
k. **Geração automática de relatórios.** A elaboração de relatórios é uma tarefa que demanda tempo e está sujeita a erros. Quando o *software* gera relatórios automaticamente, ambos os problemas (tempo e risco de erro) são reduzidos drasticamente. Alguns *softwares* têm função de geração automática de relatórios; porém, algumas vezes, há um custo adicional relevante para isso. Quando não for possível a aquisição, o gestor deve ter preparo para extrair as informações de que necessita da maneira mais clara e precisa que o *software* permita, com pleno domínio da ferramenta, objetivando fazer o melhor trabalho no menor tempo.

É claro que esses recursos não são essenciais e dependem da necessidade de cada organização. Se a empresa dispuser de um servidor próprio contratado especificamente para suas atividades, não precisará do serviço de *backup* da desenvolvedora do *software* de gestão. Muitos outros recursos podem ser considerados essenciais para a empresa, e importa listá-los, em uma reunião, antes de se buscar o *software* adequado.

Como último ponto a tratar sobre os *softwares* em nossa abordagem, é muito comum, nos dias de hoje, que os programas de computador sejam oferecidos não como produtos prontos e acabados (adquiridos de uma vez para sempre), mas como serviços oferecidos, com atualizações, assistência, comunidade ativa de usuários incentivada pelos desenvolvedores, entre outros, sendo custeados, assim, não por uma aquisição permanente, mas por assinaturas renovadas periodicamente. Essa tendência seguida por muitos desenvolvedores é, também, praticamente uma regra para os *softwares* de gestão jurídica. Embora sejam encontradas ferramentas que são adquiridas de uma vez por todas (podendo ser utilizadas por toda a vida pelo valor de aquisição pago uma única vez), o mais comum no ramo é que sejam oferecidas assinaturas, pelas quais o advogado ou o escritório desembolsa valores anuais ou mensais relativos aos recursos (módulos) agregados ao *software*, ao grau de personalização, aos meios contratados de suporte e assistência técnica, à quantidade de usuários do *software* na organização e a outras variáveis consideradas pelo desenvolvedor na venda de seu produto-serviço.

Esse modelo de negócio, venda de *software* como serviço, beneficia o desenvolvedor, propiciando a este uma fonte de faturamento mais estável, em vez de picos ocasionados com venda e estagnação quando os potenciais clientes já se tornaram clientes. Por outro lado, é mais custoso para o usuário (o escritório de advocacia, por exemplo), pois precisa pagar certo valor mensal ou anual enquanto utilizar o sistema, mas também tem suas vantagens, já que não necessita de grande desembolso de uma só vez para a aquisição definitiva de um *software*, além de contar com suporte e atualizações incluídas no valor da assinatura.

Com base nas vantagens e nas desvantagens de cada espécie de aquisição, caso tenha a possibilidade de escolher, você, como controlador jurídico ou advogado, está, agora, mais apto a tomar as decisões mais sábias, apropriadas e condizentes com a realidade na qual está inserido.

4.4 Utilização de *softwares* de gestão legal: conceitos envolvidos

Na seção anterior, conhecemos propriedades gerais a serem observadas em *softwares* de controladoria jurídica, bem como o que cada recurso significa em termos de vantagens na implantação e na utilização do *software*. Vamos, agora, demonstrar a aplicação de alguns recursos dos *softwares* que podem ser encontrados no mercado. São eles o *dashboard*, o *timesheet* e a Gestão Eletrônica de Documentos (GED).

Este conteúdo foi elaborado de forma sintética, mais ou menos como um glossário, para apresentar elementos que podem estar presentes em sua prática profissional e que, por isso, precisam ser conhecidos. A aplicação de cada um desses recursos, em cada *software* e em cada organização, tem tantas nuances práticas que, se fossem trazidas, caracterizariam mais um manual de uso de *software* do que um guia panorâmico da gestão jurídica.

Com os conceitos a seguir delineados, você, gestor ou futuro gestor jurídico, estará preparado para experimentar esses recursos quando se deparar com eles, sem ser pego de surpresa diante das possibilidades aqui demonstradas. Confira os detalhes.

4.4.1 *Dashboard*

Dashboard é um termo em inglês que significa simplesmente *painel* ou, mais especificamente, um *painel de indicadores*. O painel das motocicletas e dos carros são *dashboards*, então vamos utilizar o exemplo de um veículo para falar dos *dashboards* utilizados em uma organização.

> Se, em um avião, o *dashboard* indica as temperaturas do exterior e do interior da aeronave, altitude, nível de combustível e uma miríade de outras informações, pense em uma empresa que também tenha um *dashboard*. De maneira semelhante ao nosso exemplo voador, ele contém as informações necessárias para que sejam tomadas boas decisões, para que situações críticas sejam identificadas e resolvidas, para prever possíveis problemas e preveni-los.

Nas palavras de Petenate (2019), *dashboard* é "um painel que reúne métricas e indicadores no mesmo lugar, exibindo-os em forma de gráficos e outros recursos visuais que facilitam a compreensão da dimensão das informações".

O *dashboard*, um painel digital normalmente personalizável, o qual pode conter qualquer informação, em pouca ou muita quantidade, é um recurso que poderá ser encontrado em *softwares* de gestão.

Figura 4.2 – *Exemplo genérico de um dashboard, ilustrando aparência e forma*

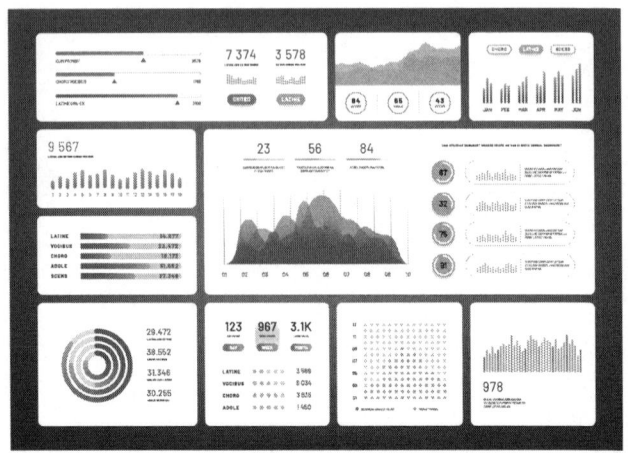

Nas imagens temos dois exemplos genéricos de *dashboards*, cujas informações são compostas de gráficos diversos, números e, eventualmente, texto. Em um escritório de advocacia, alguns dados que sempre estarão presentes, caso se tenha um *dashboard*, são: número de processos recebidos no mês presente (e comparativo percentual em relação ao mês anterior e ao mesmo mês do ano anterior); faturamento no mês (e, igualmente, comparação com o mês anterior, com o mesmo mês do ano passado e com a previsão feita); total de processos em trâmite no escritório e por advogado (e quantos processos por fase: a protocolar petição inicial, aguardando audiência; aguardando sentença, em fase de recurso etc.).

Figura 4.3 – Exemplo genérico de um dashboard, ilustrando aparência e forma

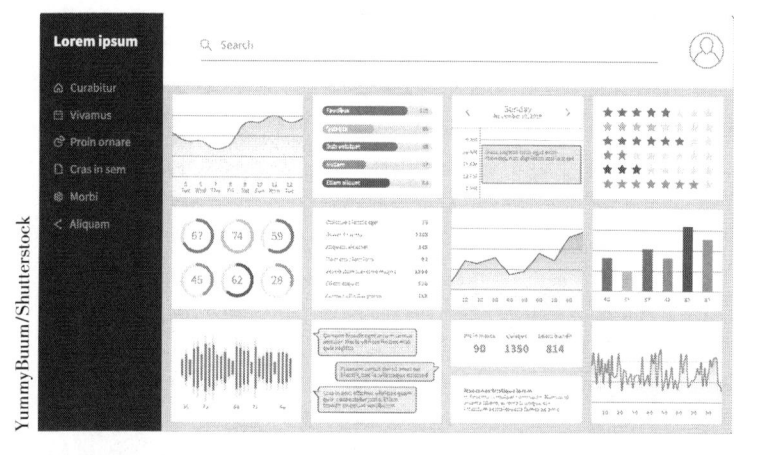

É como um relatório gráfico da organização naquele momento. O painel alimenta-se de indicadores inseridos manualmente ou, de preferência, a fim de evitar erros, obtidos automaticamente de uma fonte indicada (número de processos no *software* integrado, por exemplo) para exibi-los de maneira acessível, atrativa e com destaques visuais para que o gestor perceba rapidamente o que for mais relevante.

Você se lembra de quando falamos sobre indicadores? Eles podem ser acompanhados por meio de um *dashboard*, no qual o *software* exibirá os dados (inseridos manualmente pelo gestor ou captados diretamente de alguma fonte indicada para buscá-los) na forma de um elemento do painel.

O *dashboard* faz parte de uma estratégia conhecida como *business intelligence*, ou *inteligência de negócio*. "Business Intelligence é usar da coleta de dados, organização, análise, ação e monitoramento para tomar melhores decisões e saber se os investimentos feitos estão trazendo bons resultados" (Moraes, 2018).

Moraes (2018) ainda detalha esses três pilares do *business intelligence*:

» **coleta de dados**: *tudo o que acontece no negócio é analisado para determinar aspectos-chave, como produtividade, aproveitamento de oportunidades, gargalos, reputação no mercado, etc.;*

» **organização e análise**: *todos os dados captados em cada ação da empresa são organizados em um banco de dados e apresentados de forma visual, para facilitar a análise dos tomadores de decisão;*

» **ação e monitoramento**: *os responsáveis tomam decisões com base nas informações analisadas, e monitoram seus resultados para ver se estão sendo bem-sucedidos.* (Moraes, 2018, grifo do original)

Assim, o uso efetivo de indicadores, mensurando-os, e sua análise por meio de ferramentas como o *dashboard* são uma forma de fazer inteligência de negócio.

> **Para saber mais**
>
> PETENATE, M. Aprenda tudo sobre dashboards e como criar painéis incríveis para acompanhar suas atividades. **Escola EDTI**, 19 dez. 2019. Disponível em: <https://www.escolaedti.com.br/dashboard>. Acesso em: 8 jun. 2020.
> Consulte este artigo de Petenate para saber mais sobre o *dashboard* e ver alguns exemplos.

Assim como outros recursos que aqui veremos, a adoção da solução ideal – o melhor *software* e os melhores indicadores a monitorar por meio de *dashboard* de acordo com o que a organização precisa – demanda teste das ferramentas disponíveis do mercado e, quando possível, uma conversa com os desenvolvedores das ferramentas antes de se decidir por uma solução paga.

4.4.2 Timesheet

Timesheet nada mais é do que o método de controle do tempo gasto para um trabalho ou uma atividade. Nesse sentido, "Timesheet é o meio de controlar as horas trabalhadas da equipe. Com ele é possível registrar as horas gastas de cada membro em cada tarefa de um projeto ou serviço. Dessa forma, fica mais fácil fazer a gestão de pessoas de uma empresa" (Flowup, 2020).

Esse tipo de controle, inicialmente, "era feito por meio de planilhas em folhas de papel ou cadernos, daí o nome *timesheet* (time **= horas,** sheet **= planilha**). Atualmente, é mais comum encontrar o controle de horas trabalhadas em tabelas de Excel ou até mesmo por meio de *softwares* ou plataformas online" (Hashtrack, 2020, grifo do original). Vejamos um exemplo a seguir.

Em sua forma mais simples, o *timesheet* é uma folha de papel em que o trabalhador anota o tempo em que iniciou um trabalho, o tempo em que parou de trabalhar e o tempo total que trabalhou efetivamente (somando as horas totais e diminuindo eventuais intervalos). Um trabalho pode estender-se por vários dias, então, o cálculo do tempo de trabalho considerará todos os dias trabalhados.

Quadro 4.1 – Exemplo simples de modelo de timesheet

	Título desta *timesheet*				
	Segunda	Terça	Quarta	Quinta	Sexta
Atividade					
Hora de início					
Hora de fim					
Minutos de intervalo					
Tempo de trabalho efetivo					

Por meio do preenchimento de um quadro como esse – feito à mão, impresso, em planilha eletrônica ou em *software* especializado –, quem o elabora, e também o gestor, saberá quanto tempo um profissional gastou em cada tarefa. É parecido com uma folha de ponto, com a peculiaridade de não trazer só o horário de entrada, de saída e intervalo, mas também de considerar o tempo efetivo de trabalho em atividades específicas (podendo ser preenchido para todas as atividades ou somente para algumas em que se pretende fazer a gestão do tempo). Esse modelo de *timesheet* é um exemplo de uma forma bem simples de fazer o controle do tempo em uma semana de trabalho de segunda a sexta, sendo possível, claro, constar outras informações conforme a necessidade.

Mostramos, a seguir, o mesmo quadro, mas agora preenchido de forma exemplificativa, sobre o controle de tempo de trabalho de um advogado em determinada atividade por dia. Confira.

Quadro 4.2 – Exemplo de timesheet já preenchida

	Timesheet do advogado Márcio em alguns trabalhos na semana de 2 a 6 de novembro de 2020				
	Segunda	**Terça**	**Quarta**	**Quinta**	**Sexta**
Atividade	Elaboração da petição inicial do caso do cliente Fulano.	Elaboração da petição inicial do caso do cliente Sicrano.	Protocolo de cinco petições com seus anexos (casos A, B, X, Y, Z).	Elaboração de contestação no caso do cliente Beltrano.	Atendimento inicial de novo cliente, Pedro Coelho.
Hora de início	08:45h	09:30h	16:00h	09:00h	13:05h
Hora de fim	11:40h	14:00	19:00h	17:00h	14:35h
Minutos de intervalo	0:00h	1:05h	0:25h	2:00h	0:00h
Tempo de trabalho efetivo	2:55h	3:25h	2:35h	6:00h	1:30h

Esse exemplo se trata de um controle simples. No caso de mais atividades em um dia, é preciso ter mais *timesheets*, um por atividade, ou replicar os campos das linhas (atividade, hora de início, hora de fim, minutos de intervalo e tempo de trabalho efetivo), tantas vezes quantas forem as atividades. O *timesheet* pode conter mais informações ou ser executado por meio de *software* específico, segundo a necessidade para cada profissional e para a organização em que trabalha.

Se for um trabalho em equipe, é possível somar as horas de cada membro para saber qual foi o tempo total para conclusão do caso, projeto ou outro propósito em que a equipe trabalhou. Trata-se de uma informação útil que possibilita a tomada de decisões nas organizações. Para ações maiores, convém detalhar o tempo de trabalho por etapas, especificando qual parte do trabalho exatamente foi feita em cada período de tempo.

O *timesheet* é "um sistema interessante principalmente para empresas que trabalham com cobrança por horas (fee mensal) e quer estimar custos exatos de mão de obra por projeto" (Flowup, 2020). Além de servir para o caso de cobrança do cliente por hora trabalhada em seu caso, o *timesheet* pode detectar "gargalos" no trabalho dos profissionais.

Por exemplo, o advogado Márcio tem, em média, duas petições para elaborar por dia, mas normalmente atrasa e acumula trabalho para o dia seguinte ou até por mais dias. Um dos sócios pensa que esse problema é porque ele também tem audiências a realizar e clientes a atender, embora não continuamente; outro sócio pensa que esse problema é falta de foco, e Márcio alega falta de tempo. Nesse caso, a controladoria jurídica pode requerer a Márcio que, quando for elaborar uma petição, anote em um simples quadro, com campos para anotação, a hora em que começou a trabalhar nela e a hora em que parou de trabalhar nela, e que anote também os intervalos. Assim, será possível detectar o tempo efetivo que ele dedicou ao trabalho e, se levar cinco horas de trabalho efetivo para uma petição simples e que já tinha modelo pronto, sem nenhuma peculiaridade para a ação em que trabalha, é o caso de outro profissional ouvi-lo para entender por que ele demorou esse tempo desproporcional e, se não houver justificativa, orientá-lo para que isso não ocorra novamente.

Detectando-se as tarefas que tomam tempo excessivo, seja por procrastinação com distrações, seja por dificuldade nas tarefas, podemos acompanhar ou orientar o profissional na realização das atividades, a fim de auxiliá-lo a sanar essa deficiência. Assim, uma boa gestão de *timesheet*, orientando os profissionais para fazê-lo, é muito importante caso se cobre os clientes por hora trabalho. Se não houver a cobrança por hora, ainda assim o *timesheet* é interessante para averiguar dificuldades na realização de tarefas por um profissional ou por uma equipe, verificando o tempo necessário para conclusão de uma tarefa ou etapa de trabalho.

Por fim, o *timesheet* auxilia o gestor a dimensionar o trabalho corretamente, para, por exemplo, em caso de aumento da demanda de trabalho, saber se as pessoas já contratadas são suficientes, ou se é necessário contratar mais pessoas (ou recusar trabalho acima de certo limite, para evitar novas contratações).

4.4.3 Gestão eletrônica de documentos

Gestão eletrônica de documentos (GED) é a gestão dos documentos digitais ou digitalizados em posse da organização. Essa gestão não consiste somente em ter todos os arquivos em formato digital (gerados, originalmente, em forma digital, ou digitalizados por *scanner*) salvos em um computador ou na nuvem. Para haver uma autêntica gestão eletrônica de documentos, os arquivos devem ser geridos de maneira profissional, priorizando especialmente a segurança (contra acesso não autorizado), a recuperação (encontro fácil e rápido do arquivo buscado) e a proteção contra perda desses arquivos.

> Entre outros recursos, a segurança pode ser alcançada mediante o emprego de criptografia e de restrições de acesso a usuários por *login* e senha; a recuperação pode ser realizada por meio de utilização de palavras-chave na classificação de cada arquivo e da possibilidade de busca dentro dos próprios arquivos, e não só por nome e metadados (informações); e a proteção contra perda pode ser efetivada via *backup* periódico dos arquivos em diversos meios, físicos e virtuais.

O navegador-padrão de arquivos de um sistema operacional não atende com perfeição às necessidades complexas de uma GED. A qualidade em todos esses pontos requer o uso de *softwares* específicos que complementem ou substituam a organização simples de arquivos adotadas pelo sistema operacional.

A organização de arquivos em pastas, como normalmente se faz por padrão em um sistema operacional, pode servir para pequenas organizações, mas não é a melhor forma de gerenciar grande quantidade de documentos. Apenas para citar algumas limitações, há a restrição da quantidade de caracteres no nome do caminho até o arquivo; o fato de raramente se colocar etiquetas nas propriedades do arquivo para classificá-los, impossibilitando encontrar os documentos pela sua classificação ou tipo; e a dificuldade ou demora de buscar um arquivo específico sem saber em qual pasta e subpasta está.

Segundo informações da empresa Laserfiche (2020), a gestão eletrônica de documentos permite que os trabalhadores organizem e compartilhem documentos dentro da organização de maneira eficiente, aprimorando e integrando as operações diárias. Isso acontece por meio do uso de uma ferramenta adequada de GED, a qual, segundo a empresa, permite:

> » *Criar arquivos digitais e converter documentos em papel em documentos digitais.*
> » *Compartilhar facilmente documentos digitais com os colegas.*
> » *Organizar os documentos de maneira centralizada em estruturas e formatos padronizados de arquivo.*
> » *Armazenar e acessar informações eficientemente.*
> » *Proteger com segurança documentos, de acordo com normas de* compliance. (Laserfiche, 2020)

É preciso cuidar para que a proposta de gerir documentos eletrônicos, bem como o *software* escolhido, seja um auxílio, não um empecilho. Se os arquivos precisarem ser salvos primeiramente em uma pasta do sistema operacional, em seguida cadastrados em um sistema de gestão do escritório, e depois lançados em um servidor, nem se pode falar que se trata de gestão eletrônica de documentos, pois isso configura um modo descentralizado e tremendamente manual – sujeito a muitas falhas – de tentar manter os arquivos em algum lugar. A GED precisa estar ligada ao fluxo de trabalho, de modo que, por exemplo, uma petição escrita pelo advogado seja diretamente salva e catalogada dentro do GED, podendo logo ser utilizada para efetuar o protocolo digital na página do órgão judicial.

Assim, apresentamos as ferramentas que podem fazer parte de sua atuação profissional. O modo de utilizar cada uma delas é variável, pois depende da solução adotada na organização e das diretrizes sobre as formas de implementação. No entanto, desde logo, saber que elas existem e em que consistem evita surpresas ao, um dia, ouvir falar delas.

Empresas que fornecem soluções com esses recursos muitas vezes os ofertam para testes durante um período de tempo. Essa é a melhor forma de conhecer a solução e escolher, entre as disponíveis, a mais adequada para a organização.

4.5 Gamificação

Nestas páginas, é possível que você já tenha tido novas ideias com base no conteúdo que visitamos juntos, ponderando outras possibilidades em situações profissionais. Se isso ocorreu, temos um grande ponto positivo para comemorar, mesmo porque o trabalho de elaborar este texto só faz sentido se, aí do outro lado, você realizar a leitura para não só passar os olhos nas linhas, mas também para entender com reflexão, o que se traduz em um verdadeiro engajamento intelectual para apreender o conteúdo.

Dizemos isso porque, agora, temos outra ideia a compartilhar com respeito ao tema inovação: a gamificação.

Segundo Halliwell (2013, citado por Curseduca, 2015): "Gamification [gamificação] é o uso de elementos de jogos, ou técnicas de design de jogos, em contextos não relacionados ao ambiente do jogo". Em outras palavras, *gamificar* é inserir elementos de jogo para engajar e motivar pessoas.

> **Para saber mais**
>
> VIDDIA – Educação Online. **O que é Gamification (Gamificação) e exemplos de uso.** 22 fev. 2017. Disponível em: <https://www.youtube.com/watch?v=CK_4JfDZIjA>. Acesso em: 9 jul. 2020.
>
> Como outra forma de introdução ao tema, recomendamos este pequeno vídeo explicativo.

Tendo apresentado a você rapidamente o conceito, considere agora estes dois personagens do departamento jurídico da empresa fictícia Estetoscópio Equipamentos Médicos Ltda.:

> **Mário** é um excelente advogado da Estetoscópio. Foi contratado no início do ano passado, com o objetivo principal de auxiliar o advogado sênior na redação de peças processuais. Assim, Mário é quem elabora a maior parte das petições, várias por dia, e o faz com boa qualidade jurídica e de raciocínio, mas o advogado principal sempre encontra erros de ortografia na revisão: Mário escreve "esfigmobarômetro", e o nome correto do aparelho para medir pressão é esfigmomanômetro; "impatia" em vez de empatia, e assim por diante. Caso esses erros não fossem revisados, denotariam uma péssima imagem do trabalho, e não há desculpa para errar. Talvez por falta de atenção de Mário, ele às vezes escreve "excessão" (em vez de exceção) e, algumas vezes, até "mas" no lugar de "mais".
>
> Também no departamento jurídico da Estetoscópio Equipamentos Médicos Ltda. trabalha **Sônia**. Excelente secretária, é ela quem recebe orientações da controladoria jurídica e auxilia o departamento a manter contato com advogados correspondentes e com o departamento financeiro para passar informações a respeito do pagamento – são várias ordens de pagamento por mês em que Sônia intermedeia o contato entre advogados e empresa sobre o trâmite para quitação. Não raramente ela se confunde e envia para Beltrano o *e-mail* que era para Sicrano, liga para Fulano e pede desculpas pelo engano, porque pensou que tinha ligado para Beltrano.

Em uma empresa comum, esses profissionais – Mário e Sônia – continuariam a trabalhar do mesmo modo pelo resto de suas carreiras ali, ou seriam demitidos, ou teriam treinamentos de algumas horas que não seriam suficientes para mudar toda sua forma de trabalho.

Em uma empresa excepcional, Mário e Sônia veriam seus trabalhos transformados pela gamificação – sem que nem se dessem conta que haviam mudado e aprendido a fazer diferente! Vamos continuar com o exemplo de Mário, pois a Estetoscópio é uma empresa excepcional:

> O advogado sênior do departamento jurídico percebeu que Mário tem muito potencial, gosta de ler e adquire bom vocabulário com isso, mas provavelmente o que lhe falta é atenção. Por isso, pediu auxílio à controladoria jurídica da organização sobre como melhorar a redação de Mário. Com seus conhecimentos, o gestor jurídico propôs mudar o cenário com uma proposta de gamificação. Ele esclareceu que Mário já tem o objetivo de elaborar as peças processuais sem defeito; agora, porém, falta trazer algo que o motive a realizar isso! Mário tem uma filhinha pequena, e um dia no meio da semana que pudesse passar em casa seria bom para participar mais da vida dela enquanto ela cresce. Propuseram a adoção desta ideia: suas peças processuais deveriam ter tanta qualidade de ortografia assim como têm qualidade argumentativa; se, em um mês, suas peças não tivessem nenhum erro ortográfico, ou no máximo três erros ortográficos, ele teria direito a uma quarta-feira de folga no mês seguinte. O advogado sênior gostou da ideia, uma folga ao mês não traria prejuízo ao trabalho, e assim foi feito.

Quase que magicamente, Mário começou a ler os manuais dos equipamentos vendidos pela empresa (para se habituar aos termos comuns da área), aprendeu a usar efetivamente o recurso de autocorreção do editor de texto (que não é perfeito, mas em alguns casos ajuda) e, no segundo mês de gamificação, já fez jus à recompensa pelo trabalho com sucesso! Foi uma grande alegria para o advogado sênior, que recebia trabalhos melhores para revisar, para o gestor jurídico, que viu sua proposta implementada com sucesso, e para Mário, que se surpreendeu com uma capacidade de atenção e capricho que pensou que não tinha – além, claro, do tempo extra em casa com sua família.

Mas e quanto a Sônia? Será que ela também poderia ter seu trabalho melhorado com alguma ideia parecida? Vejamos como agiu a Estetoscópio:

Sônia é uma boa profissional, atenciosa e delicada. Nunca faltou nem se atrasou sem justificativa, algo raro para uma jovem como ela, de 20 anos, enquadrada em uma geração vista por alguns como não tendo o valor da submissão aos superiores e do respeito para com todos. Ela, ao contrário, tem tudo isso, mas aparentemente lhe falta organização.

O gestor jurídico pensava em como fazer com que ela tivesse mais clareza quanto aos contatos feitos e, por isso, pensou em como ela realizava o trabalho. Ao esboçar o fluxo de trabalho, para verificar em que consiste a atividade dela, chegou a uma conclusão: ela tem de se reportar a diversas pessoas (em cada caso pode receber orientações da controladoria jurídica e do departamento financeiro ao mesmo tempo, além de comunicar os advogados correspondentes sobre tudo isso).

Portanto, o primeiro passo foi, com o respaldo da cúpula da organização, organizar os setores envolvidos para redesenhar o fluxo de trabalho, de modo que ela só responderia ao setor financeiro, e os contatos com os advogados correspondentes sobre o trâmite dos processos seria feito diretamente pela controladoria jurídica.

Assim foi feito, mas, por vezes, ela ainda se confundia nos *e-mails* e nas ligações, embora com menos frequência. Por isso, foi realizado um treinamento com Sônia, para auxiliá-la a organizar a planilha que utilizava como agenda (pois o departamento não tinha *software* específico para isso), orientando-a a adotar a formatação automatizada para colorir a planilha e facilitar a visualização de cada atividade já realizada e contatos a fazer, entre outros recursos de uma boa planilha de controle de contatos.

Como complemento para ela se engajar em um bom desempenho e seguir adiante com êxito, foi trazida também uma proposta de gamificação: a cada mês em que todos os contatos fossem realizados com assertividade, sem que houvesse nenhuma informação trocada, haveria um pequeno *happy hour* na própria empresa, na última hora do expediente, para todo o departamento jurídico, com salgadinhos e refrigerante. A ideia serviu para o caso dela, pois uma boa recompensa para Sônia sempre foi poder ser útil, servir e ouvir as pessoas. Um momento de socialização como esse foi uma escolha bem pensada para agradá-la.

> Nem preciso dizer que ela conseguiu! Não só ela ficou mais feliz ao fazer um trabalho bom e sem percalços, como conseguiu alcançar uma recompensa que lhe trazia alegria. Ao final do ano, a empresa promoveu ainda um jantar para os funcionários em um bom restaurante da cidade, no qual anunciou os bons resultados alcançados graças a seus colaboradores.

Apresentamos o tema a você, escolhendo fazê-lo pelo simples exemplo. O conteúdo, felizmente, é muito vasto para explorar, e há bom material sobre gamificação para quem quiser saber mais, bastando uma simples pesquisa.

Para saber mais

KRAJDEN, M. **O despertar da gamificação corporativa**. Curitiba: InterSaberes, 2017.

Indicamos esta obra para quem queira se aprofundar no tema. Da sinopse da obra, na contracapa: "Alegria em atingir metas, alta produtividade, eficácia no cumprimento de prazos são algumas das metas que permeiam o universo idealizado no contexto profissional e acadêmico. É certo que essas metas não são alcançadas facilmente, mas na atualidade os gestores podem contar com as técnicas de gamificação como fortes aliadas na arte de conquistar o comprometimento das equipes.

Nesta obra, você descobrirá como essas técnicas estimulam a motivação dos colaboradores e auxiliam líderes a transformar comportamentos indesejados e desinteressados em engajamento e lucratividade". O livro é, realmente, um ponto de partida excelente para quem quer, de fato, implementar a gamificação no ambiente corporativo.

Nesta obra, entendemos que a gamificação é uma "ciência-arte" que "não se encarrega de produzir jogos ou de transformar qualquer atividade em um *game*" (Krajden, 2017, p. 11). Ao contrário do que o nome possa fazer parecer, o objetivo não é produzir um jogo! "O objetivo é fazer as técnicas empregadas em jogos servirem às pessoas, aos profissionais de diferentes áreas na busca por resultados. Dessa forma, por meio da diversão, a gamificação contribui significativamente para os setores empresarial e educacional, sendo de grande valia para a sociedade em geral" (Krajden, 2017, p. 11).

No conceito da autora, então:

> *A gamificação é uma técnica que envolve dinâmicas, mecanismos e elementos dos* video games *[ou dos jogos analógicos] e os aplica em contextos da vida real. O principal objetivo é engajar as pessoas para que mudem alguns comportamentos, com o propósito de alcançar resultados relacionados a objetivos específicos. Em geral, a gamificação oferece soluções criativas para muitos problemas e utiliza a diversão como componente básico nessa empreitada.* (Krajden, 2017, p. 20)

De uma forma mais poética, podemos assim compreender a gamificação: "gamificação é, na verdade, encontrar a diversão, encontrar os aspectos 'jogáveis' de um problema, quaisquer que sejam, e usá-los para criar um ambiente que mova as pessoas um pouco mais em direção a um objetivo que tenham criado" (Halliwell, 2013, citado por Curseduca, 2015).

> Para saber mais
>
> SAJ ADV. **Gamification na advocacia**: como a prática pode acelerar o crescimento? 7 fev. 2018. Disponível em: <https://blog.sajadv.com.br/gamification-na-advocacia>. Acesso em: 9 jul. 2020.
> Essa é outra recomendação, uma breve leitura, pertinente à gamificação na área jurídica.

Nos exemplos tanto de Mário quanto de Sônia, vimos a inserção de um objetivo (desafio, superação) unido a uma recompensa. Na indicação de leitura anterior são citadas, ainda, as possibilidades de competição, cooperação, resolução de problemas (Saj Adv, 2018).

A interação (com o ambiente e com outras pessoas), o desafio e outros elementos de jogos devem ser considerados no momento de implantação de uma ideia de gamificação dentro da organização. E, como temos visto no exemplo da empresa fictícia de equipamentos médicos, a gamificação não serve somente para tornar o trabalho mais divertido. A diversão faz parte da estratégia, mas esta não é seu principal objetivo. Gamificar "serve, na verdade, para estimular os colaboradores a criarem um significado pessoal com o seu trabalho e conectá-los aos objetivos do negócio" (Oniria, 2020). O propulsor que faz com que os profissionais fiquem "mais engajados e motivados a trabalharem mais para atingirem as metas da organização é o fato de encontrarem um significado naquilo que realizam" (Oniria, 2020).

Todavia, apesar dos benefícios dessa inovação, acredite se quiser: a gamificação pode ser ruim e tornar as pessoas menos motivadas e mais insatisfeitas! Duvida? Veja apenas um exemplo negativo, o caso da Wuppermann Steel:

> *Wuppermann é uma empresa siderúrgica com sede nos Países Baixos. Eles criaram um painel exibindo incidentes e paradas de segurança, para tornar os funcionários conscientes do número de incidentes, reduzindo assim sua ocorrência. Os trabalhadores foram classificados com base em suas pontuações individuais, e foram lançados um contra o outro em uma tabela de classificação. Quando o programa foi lançado, os funcionários de Wuppermann começaram a reclamar que achavam deprimente que sempre se lembrasse do que deu errado. Além disso, a ideia de concorrência forçada tendia a desmoralizar o pessoal, forçando a empresa a abandonar o programa.* (Instituto de Desenho Instrucional, 2020)*

Nesse caso, os funcionários foram lançados em um jogo no qual a única recompensa era alcançar melhor classificação do que seu colega em um placar e que sempre os fazia rememorar o dia em que algo deu errado; e esse método não deu certo como forma de motivá-los. Por isso é importante pensar bem antes de gamificar, pois não dá para fazê-lo de qualquer forma, "apenas para parecer inovador".

Você, como gestor jurídico, pode detectar oportunidades de implementar uma inovação de gamificação. Ao propor uma ideia de gamificação, demonstre seus benefícios e como ela pode ser implementada na prática, quais são seus custos, e leve a ideia à cúpula da organização ou a outro responsável

---

* Outros exemplos de gamificação, tanto negativos quanto positivos, podem ser encontrados na referência aqui citada, encontrada ao final desta obra.

designado ao qual deva reportar seu trabalho. A gestão jurídica, normalmente, não tem autonomia nem capacidade para implementar sozinha essa inovação, porque gamificar – embora para benefício de todos e nem sempre importando em custos – envolve um plano de trabalho que afetará as pessoas e, por isso, requer aprovação de um superior.

É necessário analisar o perfil dos trabalhadores que se deseja engajar e o que se espera que os mantenha motivados (por meio de observação ou, por vezes, perguntando diretamente o que os motiva). Nesse sentido, um estudo de Santinho (2018, p. 8), mostra que: "gamificação é um instrumento eficaz de gestão, sendo uma estratégia bem-vista pelos funcionários". Há de se atentar, porém, para "elementos e características da gamificação, que são fatores determinantes para o seu sucesso, quer sejam: perfis dos jogadores, relevância das funcionalidades, forma de comunicação das regras e funcionamento das dinâmicas do jogo e atratividade das recompensas" (Santinho, 2018, p. 8). Esses fatores citados devem ser tratados "de maneira adequada e consistente", porque, se houver equívoco na forma de perceber o que motiva as pessoas, ou se as "regras do jogo" mudarem, "haverá um desinteresse pela ferramenta, minando os seus efeitos positivos" (Santinho, 2018, p. 8).

Às vezes, somente a competição ou a recompensa (apenas algum elemento dos jogos) podem não ser suficientes para manter todos motivados, ou podem até mesmo ser contraproducentes, se for apenas a competição pela competição – como no citado caso da Wuppermann Steel.

Para alguns, pensar em gamificar o trabalho é uma completa novidade, o que implica o esforço inicial de assimilar essa ideia. Contudo, não deixe de inovar apenas por medo de errar ou pelo grande esforço criativo envolvido. Essa técnica recompensa o trabalho de sua implementação ao promover o engajamento e a satisfação dos colaboradores.

Síntese

O trabalho está sendo reinventado pelo uso de *softwares* e robôs. A inteligência artificial aplicada no mundo jurídico é realidade, e grande parte disso se deve ao crescente entendimento da linguagem natural humana por parte das máquinas, facilitando o trabalho das organizações jurídicas, tanto para advogados quanto para gestores.

O avanço tecnológico não significa que as pessoas perderam espaço, muito pelo contrário: máquinas que podem executar trabalhos mecânicos propiciam tempo às pessoas para que reflitam e decidam. Os conceitos aqui analisados reúnem critérios para a melhor escolha e utilização das ferramentas de gestão jurídica que podem prover esse auxílio.

Questões para revisão

1) Considerando a parametrização e a modularização de um *software* de gestão jurídica, analise os casos a seguir e assinale aquele que apresenta uma decisão correta:

a. Um gestor tem uma planilha do Excel com os dados da organização, mas precisa que seja adicionado um recurso ao *software*. Ele sabe que a Microsoft não personaliza os programas do Office, mas continua entrando em contato com a empresa insistindo na parametrização do Excel para atender às suas necessidades.
b. Renata coordena uma equipe de mais de cem funcionários para atender uma banca de advogados com dez escritórios no Brasil, um no Japão e um nos Estados Unidos. O *software* que utiliza é excelente, mas, em razão do servidor atual e de uma configuração padrão, não permite o *login* de mais de dez pessoas por vez, o que está gerando transtornos. Portanto, entrou em contato com a equipe de desenvolvimento para aumentar o limite atual.
c. Uma estagiária sugeriu à sua superiora a aquisição de um *software* jurídico a fim de que todos na organização tenham acesso a relatórios automatizados, gerados em tempo real para controle da produção jurídica. A superiora considerou uma boa ideia e incumbiu a *controller* jurídica de contratar o *software*. A *controller* o fez, mas ninguém encontrou como gerar o relatório, porque o *software* era modular e ela se esqueceu de incluir o pacote de relatórios.
d. Marta Candengo gere um escritório de advocacia e, para seu trabalho, utiliza há meses um *software* gratuito e sem suporte, o C2G – Cadastro e Consulta Gerencial. O uso gratuito é limitado para até 50 clientes cadastrados, e o custo para aquisição é superior ao de todos os demais *softwares* do mercado, mesmo não sendo tão bom. Ela deixou chegar a esse número sem

qualquer decisão e, agora, o sistema bloqueou novos cadastros. Para não ter de adquirir o *software*, Marta está incluindo novos clientes em uma agenda pessoal, ficando com dois locais diferentes para consulta.

e. Mário trabalha na gestão jurídica de um escritório situado em Roraima, que só atua em questões e processos referentes a esse estado. No entanto, por precaução, entrou em contato com a empresa de suporte e desenvolvimento do *software* jurídico e contratou os módulos de leitura e remessa de intimações de todos os diários oficiais da Região Norte do país, aumentando em 25% o gasto mensal com o *software*.

2) Segundo esta obra, quais sistemas baseados em inteligência artificial se destacam no mercado jurídico?
   a. Watson e e-Flyer.
   b. Ross e Watson.
   c. Hash e Watson.
   d. e-Flyer e Mathematician.
   e. Hash e Plotard.

3) O avanço tecnológico está provocando transformações no mundo do trabalho. Com base no tema, assinale a alternativa correta:
   a. Alguns pensadores apontam que, em poucas décadas, vários postos de trabalho desaparecerão e tantos outros surgirão em razão do avanço tecnológico.
   b. A tecnologia está mudando o modo como nos relacionamos com o mundo, com exceção das formas de comunicação, que permanecem inalteradas há décadas.
   c. Máquinas, robôs e inteligência artificial, em poucos anos, farão todo o trabalho que hoje é realizado por pessoas.

d. Os pensadores são unânimes sobre quais funções vão desaparecer e quais serão criadas.

e. A tecnologia traz a criação de novas funções, porém, não tem impacto na extinção de postos de trabalho.

4) Considere que a organização na qual trabalha tem centenas de processos entre ativos e arquivados, alguns cadastrados no atual sistema, e outros, mais antigos, mantidos em uma planilha do Excel. Diante dos diversos problemas com o *software* atual, os sócios optam por escolher um novo sistema e o colocam à frente do projeto. Para a escolha do *software* a migrar, tendo em vista o cenário exposto, qual recurso deve ser levado em consideração?

5) Qual é a diferença entre inventar e inovar? Qual dessas duas ações é necessária para o bom gestor?

Questões para reflexão

1) O *software* de gestão legal que a organização escolher deve reunir todas as ferramentas aqui estudadas, como *dashboard*, *timesheet* e *GED*?

2) A gamificação pode ser implementada em qualquer organização?

CGBA Advogados, sociedade de advogados constituída sob a égide das normas da Ordem dos Advogados do Brasil (OAB), registrada sob número 222, é um tradicional escritório de advocacia do Estado do Mato Grosso, com de 20 anos de atividade. Inicialmente integrado pelos advogados Armando Cary e Elias Cary, atualmente a equipe é composta de sete advogados, sob a coordenação do Dr. Armando Cary, registrado na OAB/MT sob o número 32.222.

Para a CGBA Advogados, o advogado é o primeiro juiz da causa. Ele, e somente ele, conforme critérios éticos e técnicos, pode aconselhar o ajuizamento ou não de uma demanda, a adoção desta ou daquela estratégia de defesa dos interesses confiados, devotando amor aos estudos e ao trabalho.

Já foram atendidos milhares de clientes, alguns dos quais, infelizmente, não estão mais registrados, e agora há mais de mil processos em curso. Esse escritório dispõe de técnicos administrativo-financeiros para todos os fins de gestão financeira, mas não tem um profissional apto a gerir todo o volume de trabalho em nível técnico-jurídico.

estudo de caso

Com base nos conteúdos estudados, elabore um plano de criação e implementação da gestão jurídica nessa organização.

Resolução

Para a resolução, não se esqueça de elaborar e implementar o plano tripartido da gestão jurídica (controladoria jurídica, *software* e manual de procedimentos). Defina o perfil da pessoa ou da equipe da controladoria, os recursos do *software* (você pode pesquisar as reais soluções de *software* na internet, optar por uma delas e justificar a escolha) e os procedimentos a serem seguidos pela organização, como classificação de processos, estratégias de prazo etc., como se preparasse a primeira versão de um manual de procedimentos.

Opcionalmente, você pode pensar em uma proposta de gamificar o trabalho de uma ou mais categorias de profissionais da sociedade: dos advogados, da secretária, do departamento financeiro ou da própria controladoria jurídica, que iniciará seus trabalhos a partir desse plano de criação.

Nesta obra, buscamos apresentar uma base, pelo menos inicial, para a realização de um bom trabalho pelo *controller* jurídico. Como expressamos na introdução, nossa pretensão é de que este trabalho sirva como um efetivo guia, introdutório e panorâmico, tanto para aquele que já atua quanto para aquele que pretende atuar na gestão jurídica de uma organização.

Apesar da pouca bibliografia sobre o tema, especialmente livros, em alguns trechos, a explicação do tema é dada por outros autores, em forma de citação, pois eles já trataram do conteúdo de maneira exemplar e apenas precisávamos apresentá-lo a você na estrutura da abordagem deste trabalho.

Do mesmo modo, aquilo que analisamos acerca de ferramentas de gestão em geral, e também sobre ferramentas próprias da gestão jurídica, são conhecimentos, embora já bem consolidados, que estão pouco disponíveis para os interessados no tema. Muitas vezes, são itens importantes, relativamente simples (por exemplo, a prática de controle dos prazos em um escritório de advocacia), mas que nem sempre estão em uma obra acessível para estudiosos da controladoria jurídica, sendo conhecimentos ofertados basicamente em cursos e consultorias, ou seja, de

considerações finais

maneira evanescente, que se restringe a um pequeno círculo de pessoas.

Diante desse contexto, objetivamos ampliar esse acesso, consolidando em uma obra algumas bases fundamentais da atividade de controladoria jurídica, conscientes de que isso é apenas um pilar inicial, constituído de alguns conhecimentos, pois se trata de uma atividade em constante transformação, entre outros fatores, por novas tecnologias e criatividade profissional, tema este que pode ser ainda mais desenvolvido além do que aqui tratamos. Enfim, trouxemos elementos fundamentais para o preparo mais amplo do profissional dessa área, para que ele saiba o que existe e possa fazer experiências e implementar boas práticas dentro das possibilidades demonstradas.

Nestas linhas finais, queremos trazer um alento acerca da tecnologia no mundo do trabalho. O melhor profissional até os dias de hoje – e acreditamos que por ainda muito tempo (se não para sempre) –, é o de carne e osso. As máquinas ganham espaço de trabalho mecânico para que o ser humano ganhe tempo para pensar. A inteligência artificial ajuda na obtenção e na compilação de informações para que o homem possa se valer desse auxílio para se dedicar a decidir com **sabedoria** e tratar seus semelhantes como nenhum robô ainda pode. Em suma: o *software* não substitui o profissional e o *software* **não faz** o profissional.

Podemos ilustrar isso ao pensar que uma pessoa qualquer que tenha a melhor tinta, a melhor tela e o melhor pincel pode não fazer um bom trabalho de arte, mas um bom artista com materiais de qualidade inferior fará um ótimo trabalho. De maneira análoga, o *software* de gestão correto nas mãos de um mau profissional pode estar cheio de informações sem padronização, desatualizadas e incorretas, mais atrapalhando do que auxiliando a organização, ao passo que uma simples planilha, desde que bem organizada nas mãos de um profissional competente e atencioso, traz resultados fantásticos à equipe. A maior e mais incrível inovação que se pode experimentar é o ser humano que se reinventa e se dispõe a transformar a si mesmo.

Como dissemos, o *software* não faz o profissional; é o profissional que poderá aprimorar seu trabalho e revelar seu brilho, se tiver as ferramentas certas ao seu dispor. Seja esse profissional! Você, dedicado aos estudos e pronto para dar seu melhor, está no caminho certo.

Como controlador jurídico contratado, ou mesmo advogado de um departamento jurídico ou escritório, você agora conta com um cabedal de conhecimentos para tomar decisões mais sábias e objetivas, conhecendo as possibilidades e as ferramentas para atuação na área, ciente de que essa formação, a tomada de decisões e sua sabedoria estão, ainda, longe de ser alcançadas por uma mente cibernética.

AAFPE – American Association for Paralegal Education. Disponível em: <https://www.aafpe.org>. Acesso em: 9 jul. 2020.

AB2L – Associação Brasileira de Lawtechs e Legaltechs. **Nosso manifesto**. Disponível em: <https://www.ab2l.org.br/manifesto>. Acesso em: 9 jul. 2020.

ALA – Association of Legal Administrators. **About ALA**. Disponível em: <https://www.alanet.org/about/about-ala>. Acesso em: 9 jul. 2020.

ALBINI, S. **Curso de Controladoria Jurídica**. [S.l.]: 13 nov. 2017. Webinar (Seminário *on-line*).

BERNI, C. **Conheça o NPS, o método dos escritórios de advocacia de sucesso**. 31 jan. 2018. Disponível em: <https://www.aurum.com.br/blog/nps-escritorio-de-advocacia-de-sucesso>. Acesso em: 9 jul. 2020.

BEST, J. IBM Watson: The Inside Story of how the Jeopardy-Winning Supercomputer Was Born, and what it Wants to Do Next. **TechRepublic**, 9 set. 2013. Disponível em: <https://www.techrepublic.com/article/ibm-watson-the-inside-story-of-how-the-jeopardy-winning-supercomputer-was-born-and-what-it-wants-to-do-next>. Acesso em: 9 jul. 2020.

BRACHT, F. Como foi – e o que significa – a vitória do computador da IBM sobre os humanos em Jeopardy! **Gizmodo Brasil**, 18 fev. 2011. Disponível em: <https://gizmodo.uol.com.br/computador-da-ibm-vence-de-lavada-dois-cerebros-humanos-em-jogo-de-conhecimentos-gerais>. Acesso em: 9 jul. 2020.

BRANDALL, B. **What is a Workflow? A Simple Guide to Getting Started**. 28 jun. 2018. Disponível em: <https://www.process.st/what-is-a-workflow>. Acesso em: 9 jul. 2020.

BRASIL. Lei n. 8.906, de 4 de julho de 1994. **Diário Oficial da União**, Poder Legislativo, Brasília, 5 jul 1994. Disponível em: <http://www.planalto.gov.br/ccivil_03/leis/l8906.htm>. Acesso em: 9 jul. 2020.

BRASIL. Lei n. 13.105, de 16 de março de 2015. **Diário Oficial da União**, Poder Legislativo, Brasília, 17 mar. 2015a. Disponível em: <http://www.planalto.gov.br/ccivil_03/_ato2015-2018/2015/lei/l13105.htm>. Acesso em: 9 jul. 2020.

BRASIL. Controladoria-Geral da União. **Programa de integridade**: diretrizes para empresas privadas. Brasília, set. 2015b. Disponível em: <https://www.gov.br/cgu/pt-br/centrais-de-conteudo/publicacoes/integridade/arquivos/programa-de-integridade-diretrizes-para-empresas-privadas.pdf>. Acesso em: 9 jul. 2020.

BRASIL. Supremo Tribunal Federal. **Presidente do Supremo apresenta ferramentas de inteligência artificial em Londres**. 5 set. 2019. Disponível em: <http://www.stf.jus.br/portal/cms/verNoticiaDetalhe.asp?idConteudo=422699>. Acesso em: 9 jul. 2020.

CAMPOS, L. M. F. **Administração estratégica**: planejamento, ferramentas e implantação. Curitiba: InterSaberes, 2016.

CNJ – Conselho Nacional de Justiça. **Sistema de gestão de tabelas processuais unificadas**. Disponível em: <https://www.cnj.jus.br/sgt/consulta_publica_classes.php>. Acesso em: 9 jul. 2020.

COSTA, E. F. da. **Deontologia jurídica**: ética das profissões jurídicas. Rio de Janeiro: Forense, 2002.

CREATIVE SAFETY SUPPLY. **5S Guide**: Learn How a Simple Organizational Strategy can Transform your Business. 2017. Disponível em: <https://www.creativesafetysupply.com/content/landing/5S-poster/index.html>. Acesso em: 9 jul. 2020.

CREATIVE SAFETY SUPPLY. **6S Guide**. 2018. Disponível em: <https://www.creativesafetysupply.com/content/landing/6S-guide/index.html>. Acesso em: 9 jul. 2020.

CURSEDUCA. O que é gamification e como usá-lo como metodologia de aprendizagem. **Blog do Curseduca**, 22 de setembro de 2015. Disponível em: <https://curseduca.com/blog/gamification>. Acesso em: 9 jul. 2020.

D'EGMONT, T. O que é Watson? Plataforma cognitiva? Inteligência artificial? Um robô? **Portal da IBM**, 16 dez. 2016.

DELL TECHNOLOGIES. **Realizing 2030**: a Divided Vision of the Future. 2015a. Disponível em: <https://www.delltechnologies.com/content/dam/delltechnologies/assets/perspectives/2030/pdf/Realizing-2030-A-Divided-Vision-of-the-Future-Research.pdf>. Acesso em: 9 jul. 2020.

DELL TECHNOLOGIES. **Realizing 2030**: A Divided Vision of the Future – Summary. 2015b. Disponível em: <https://www.delltechnologies.com/content/dam/delltechnologies/assets/perspectives/2030/pdf/Realizing-2030-A-Divided-Vision-of-the-Future-Summary.pdf>. Acesso em: 9 jul. 2020.

DOMINGOS, C. **Oportunidades disfarçadas**: histórias reais de empresas que transformaram problemas em grandes oportunidades. Rio de Janeiro: Sextante, 2009.

ENDEAVOR BRASIL. **5 indicadores de desempenho para medir seu sucesso**. 26 maio 2015a. Disponível em: <https://endeavor.org.br/estrategia-e-gestao/indicadores-de-desempenho>. Acesso em: 9 jul. 2020.

ENDEAVOR BRASIL. **KPI**: como medir o que importa no seu negócio. 22 jul. 2015b. Disponível em: <https://endeavor.org.br/estrategia-e-gestao/kpi>. Acesso em: 15 jun. 2020.

FACHINI, T. **A logística jurídica da sua empresa é inteligente?** 2017. Disponível em: <https://www.projuris.com.br/logistica-juridica>. Acesso em: 9 jul. 2020.

FERNANDES, W. Flashcards: aprenda como fazer e detone nos concursos. **Próximos Concursos**, 19 ago. 2019. Disponível em: <https://www.proximosconcursos.com/flash-cards-para-concursos>. Acesso em: 9 jul. 2020.

FLOWUP. **O que é Timesheet?** Veja como ele pode ajudar a sua empresa. Disponível em: <https://flowup.me/blog/o-que-e-timesheet>. Acesso em: 9 jul. 2020.

GABRIEL, M. **A lagarta e a borboleta – da criatividade à inovação**: Martha Gabriel at TEDxJardimdasPalmeiras. 6 fev. 2014. Disponível em: <https://www.youtube.com/watch?v=d9oAIsEBcII>. Acesso em: 9 jul. 2020.

GOBBI, H. **O papel da controladoria jurídica nos escritórios de advocacia**. 10 jan. 2018. Disponível em: <http://www.migalhas.com.br/dePeso/16,MI272203,71043-O+papel+da+controladoria+juridica+nos+escritorios+de+advocacia>. Acesso em: 9 jul. 2020.

HALLIWELL, J. **Gamification for the Clueless**: How You Can Make the Mundane more Exciting by Using Points, Badges and Leaderboards, and What This Can Do for your Business. [S.l.]: Amazon Digital Services, Inc., 2013.

HASHTRACK. **Por que usar o hashtrack?** Disponível em: <https://www.hashtrack.io/timesheet-online>. Acesso em: 9 jul. 2020.

IBM. **Insurance Company Employees Are Working with Watson to Assess Insurance Claims 25% Faster**. Disponível em: <https://www.ibm.com/watson/stories/insurance>. Acesso em: 9 jul. 2020a.

IBM. **Thomson Reuters Is Working with Watson to Help Clients Deepen their Expertise on Global Data Privacy Laws**. Disponível em: <https://www.ibm.com/watson/stories/thomson-reuters>. Acesso em: 9 jul. 2020b.

IBM. **Watson**: Learn How to Operationalize AI in your Business. Disponível em: <https://www.ibm.com/watson>. Acesso em: 9 jul. 2020c.

INSTITUTO DE DESENHO INSTRUCIONAL. **Exemplos de gamificação**. Disponível em: <https://www.desenhoinstrucional.com/post/exemplos-de-gamificação>. Acesso em: 9 jul. 2020.

KRAJDEN, M. **O despertar da gamificação corporativa**. Curitiba: InterSaberes, 2017.

LASERFICHE. **What is EDMS?** Disponível em: <https://www.laserfiche.com/what-is-edms>. Acesso em: 9 jul. 2020.

LAWGEEX. **AI vs. Lawyers**: the Ultimate Showdown. Disponível em: <https://blog.lawgeex.com/ai-more-accurate-than-lawyers>. Acesso em: 9 jul. 2020.

LOEVINGER, L. **Jurimetrics**: the Methodology of Legal Inquiry. 1963. Disponível em: <https://scholarship.law.duke.edu/cgi/viewcontent.cgi?article=2945&context=lcp>. Acesso em: 9 jul. 2020.

LUZ, É. E. da. **Controladoria corporativa**. 2. ed. rev., atual. e ampl. Curitiba: InterSaberes, 2014.

MARTINS, L. Como a logística jurídica auxilia o escritório financeiramente? **Migalhas**, 16 fev. 2018. Disponível em: <https://www.migalhas.com.br/depeso/274382/como-a-logistica-juridica-auxilia-o-escritorio-financeiramente>. Acesso em: 9 jul. 2020.

MARTINS, L. Gestão jurídica: tudo que você precisa saber para acelerar seu escritório. **Migalhas**, 29 dez. 2017. Disponível em: <https://www.migalhas.com.br/depeso/271631/gestao-juridica-tudo-que-voce-precisa-saber-para-acelerar-seu-escritorio>. Acesso em: 9 jul. 2020.

MORAES, B.; BREYER, T. Compliance e a relação com a Lei Anticorrupção. **Migalhas**, 12 ago. 2016. Disponível em: <https://www.migalhas.com.br/depeso/243724/compliance-e-a-relacao-com-a-lei-anticorrupcao>. Acesso em: 9 jul. 2020.

MORAES, D. l. **Business Intelligence**: o que é e como fazer análise de dados de inteligência empresarial? 16 mar. 2018. Disponível em: <https://inteligencia.rockcontent.com/business-intelligence>. Acesso em: 9 jul. 2020.

NOGAS, C.; LUZ, E. E. da. **Controladoria**: gestão, planejamento e aplicação. Curitiba: Lobo Franco, 2004.

ONIRIA. **4 erros sobre a gamificação no trabalho**. Disponível em: <https://oniria.com.br/4-erros-sobre-a-gamificacao-no-trabalho>. Acesso em: 9 jul. 2020.

PAULA, G. B. de. **Plano de ação**: o passo a passo da ideia à concretização de seus objetivos. 9 set. 2016. Disponível em: <https://www.treasy.com.br/blog/plano-de-acao>. Acesso em: 9 jul. 2020.

PETENATE, M. Aprenda tudo sobre dashboards e como criar painéis incríveis para acompanhar suas atividades. **Escola EDTI**, 11 set. 2019. Disponível em: <https://www.escolaedti.com.br/dashboard>. Acesso em: 9 jul. 2020.

PINHEIRO, P. P. G. Direito digital: da inteligência artificial às legaltechs. **Revista dos Tribunais**, v. 987, p. 25-37, jan. 2018.

PRADO, M. **NPS**: por que as buscam a opinião dos clientes? Disponível em: <https://controlefinanceiro.granatum.com.br/atendimento/nps-por-que-empresas-buscam-a-opiniao-dos-clientes>. Acesso em: 9 jul. 2020.

ROSS. **Legal Research Software Made for Fast and In-Depth Research**. Disponível em: <https://www.rossintelligence.com/features>. Acesso em: 9 jul. 2020a.

ROSS. **Ross Intelligence**: our Company. Disponível em: <https://www.rossintelligence.com/about-us>. Acesso em: 9 jul. 2020b.

RUNRUN.IT. **4 razões para adotar agora um sistema workflow**. 2019. Disponível em: <https://blog.runrun.it/sistema-workflow>. Acesso em: 9 jul. 2020.

SAJ ADV. **Gamification na advocacia**: como a prática pode acelerar o crescimento? 7 fev. 2018. Disponível em: <https://blog.sajadv.com.br/gamification-na-advocacia>. Acesso em: 9 jul. 2020.

SANTINHO, C. C. **A utilização da gamificação para engajamento de equipes**: um estudo de caso sobre a aplicação de um jogo empresarial em uma instituição financeira. 2018. 77 f. Dissertação (Mestrado em administração de empresas) – Escola de Administração de Empresas, Fundação Getulio Vargas, São Paulo, 2018. Disponível em: <http://bibliotecadigital.fgv.br/dspace/handle/10438/20681>. Acesso em: 9 jul. 2020.

SCHIER, C. U. da C. **Gestão de custos**. Curitiba: InterSaberes, 2013.

SELEME, R.; STADLER, H. **Controle da qualidade**: as ferramentas essenciais. Curitiba: InterSaberes, 2012.

SILVA, M. A. **O impacto da inteligência artificial na advocacia**. 6 abr. 2018. Disponível em: <https://www.migalhas.com.br/depeso/277674/o-impacto-da-inteligencia-artificial-na-advocacia>. Acesso em: 9 jul. 2020.

SISEA – Sistemas para Escritórios de Advocacia. Disponível em: <https://www.sisea.com.br>. Acesso em: 9 jul. 2020.

UEDA, A. S. R. O gestor jurídico corporativo e suas atribuições e competências: o exemplo para a equipe. **Instituto Brasileiro de Direito**, 5 jun. 2019. Disponível em: <https://www.ibijus.com/blog/374-o-gestor-juridico-corporativo-e-suas-atribuicoes-e-competencias>. Acesso em: 9 jul. 2020.

VIETZEN, L. **Law Office Management for Paralegals**. 4. ed. New York: Wolters Kluwer, 2020.

WORLD ECONOMIC FORUM. **The Future of Jobs**: Employment, Skills and Workforce Strategy for the Fourth Industrial Revolution. jan. 2016. Disponível em: <http://www3.weforum.org/docs/WEF_Future_of_Jobs.pdf>. Acesso em: 9 jul. 2020.

ZABALA, F. J.; SILVEIRA, F. F. Jurimetria: estatística aplicada ao Direito. **Revista Direito e Liberdade**, Natal, v. 16, n. 1, p. 87-103, jan./abr.2014. Disponível em: <https://core.ac.uk/download/pdf/79117757.pdf>. Acesso em: 9 jul. 2020.

Como gestor jurídico, ainda que não seja bacharel em Direito, você deverá conhecer o trâmite dos processos, inclusive ter uma noção dos prazos, para melhor auxiliar os advogados nas questões administrativas. Para tanto, recomendamos a leitura, o quanto possível, do **Código de Processo Civil** (Lei n. 13.105/2015) e do **Código de Processo Penal** (Decreto-Lei n. 3.689/1941). Talvez você precise conhecer outros diplomas legais, a depender da área de atuação dos operadores do direito que atuarão ao seu lado.

Como vimos, o Código de Processo Civil atual, que entrou em vigor em 2016, estabeleceu um novo paradigma no direito brasileiro: juízes e tribunais devem decidir de maneira estável ao longo do tempo, bem como respeitar as decisões dos tribunais superiores (Supremo Tribunal Federal e Superior Tribunal de Justiça). Isso traz clareza e precisão na atuação aos defensores públicos, aos promotores de justiça e, principalmente, aos advogados e às suas equipes, que podem prever com mais segurança a decisão que os espera em cada caso, desde que procurem conhecer a jurisprudência pertinente a cada situação concreta em que atuam.

consultando a legislação

Com vistas a auxiliar estudantes e profissionais do direito a respeito desse novo paradigma, a Escola Nacional de Formação e Aperfeiçoamento de Magistrados (Enfam), em parceria com o STJ, lançou uma ferramenta que permite encontrar a jurisprudência dos tribunais superiores sobre cada artigo das principais leis do país: o **Corpus 927**. O nome faz referência ao "corpo" (conjunto) de jurisprudência compilada e organizada e, claro, ao emblemático art. 927 do Código de Processo Civil, que normatizou o dever dos julgadores de uniformizar a jurisprudência. A ferramenta é gratuita e está disponível no endereço mostrado a seguir. Portanto, não há como dizer que é impossível saber como os tribunais estão interpretando a legislação!

BRASIL. Decreto-Lei n. 3.689, de 3 de outubro de 1941. **Diário Oficial [da] República dos Estados Unidos do Brasil**, Poder Executivo, Rio de Janeiro, 13 out. 1941. Disponível em: <http://www.planalto.gov.br/ccivil_03/decreto-lei/del3689.htm>. Acesso em: 9 jul. 2020.

BRASIL. Lei n. 13.105, de 16 de março de 2015. **Diário Oficial da União**, Poder Legislativo, Brasília, DF, 17 mar. 2015. Disponível em: <http://www.planalto.gov.br/ccivil_03/_ato2015-2018/2015/lei/l13105.htm>. Acesso em: 9 jul. 2020.

ENFAM – Escola Nacional de Formação e Aperfeiçoamento de Magistrados. **Corpus 927**. Disponível em: <http://corpus927.enfam.jus.br>. Acesso em: 9 jul. 2020.

Capítulo 1

Questões para revisão
1. b.
2. d.
3. a.
4. A pessoa (ou equipe) responsável pela controladoria jurídica está diretamente subordinada à cúpula da organização (sócios ou diretores e administradores por eles nomeados para a gestão), ao lado do setor de trabalho administrativo geral e do corpo técnico-jurídico, sem subordinação a eles.
5. A controladoria jurídica realiza o trabalho administrativo do escritório, mantendo um sistema de gestão de qualidade e permitindo que os demais profissionais técnicos se dediquem às suas atividades primordiais.

Questões para reflexão
Trata-se de questões para reflexão, portanto, não há um gabarito definitivo; mas propomos aqui uma linha de pensamento para verificação:
1. Temos estudado que os gestores jurídicos podem ter formação diversa; o que é necessário é o conhecimento de ferramentas e práticas da gestão e, também, sobre o direito. Por isso, as formações podem envolver

o direito, a administração, os processos gerenciais ou propriamente a gestão de serviços jurídicos. Independentemente da formação superior (ou mesmo sem formação superior, a depender do que a organização procura), o que deve ser verificado é a base de conhecimento necessária em direito e em gestão, e, por outro lado, qual é o perfil pessoal e profissional procurado. A organização que contratará essas pessoas pode privilegiar a diversidade de formação, para que os profissionais se complementem em seus conhecimentos.

2. Terceirizar a gestão do escritório pode não ser uma boa alternativa. A controladoria jurídica exerce funções que exigem presença constante nas atividades jurídicas do escritório e, por isso, convém ter o profissional (ou profissionais) da área contratados e alocados diretamente pelo escritório. Além do mais, o controlador jurídico normalmente tem amplo acesso às informações da organização, as quais são delicadas, sensíveis, confidenciais. Assim, convém que os responsáveis pelo escritório (sócios ou alguém por eles designado) tenham relação direta com os gestores, mantendo um contrato que inclua a confidencialidade. Por, pelo menos, essas duas razões (o acesso a informações sensíveis do escritório e a necessidade de presença constante), em vez de terceirizar a controladoria jurídica, é recomendável contratar uma ou mais pessoas para compor diretamente o quadro do escritório, podendo contratar profissionais de fora, de maneira pontual, para treinamentos, por exemplo.

Como outra razão para que a controladoria jurídica seja parte integrante do escritório, mencionamos a questão trabalhista. Caso um escritório de advocacia utilize o trabalho de um gestor jurídico sem empregá-lo conforme as leis trabalhistas, poderá, dependendo do caso, incorrer em contratação irregular.

Capítulo 2

Questões para revisão

1. a.
2. c.
3. d.

4. Realizar parceria com advogados ou escritórios correspondentes é vantajoso quando há maior volume de trabalho. Dependendo da quantidade de demandas em que serão necessários advogados correspondentes, pode ser custoso – em termos financeiros e de planejamento interno – realizar uma contratação específica para cada serviço. Por isso, manter uma parceria tende a ser mais benéfico para ambas as partes quando a prestação de serviços ocorrer de maneira continuada.

5. Porque, ao se contratar um advogado, espera-se um trabalho advocatício de qualidade; isto é, o trabalho contratado deve ser bem-feito, sem que isso seja um diferencial. Portanto, é na gestão – com a qualidade de processos de trabalho que o cliente percebe já no atendimento e no cadastro, bem como nos contatos feitos ulteriormente, em que sempre tem resposta precisa e rápida – que o escritório pode investir para obter um diferencial.

Questões para reflexão

Trata-se de questões para reflexão, portanto, não há um gabarito definitivo; mas propomos aqui uma linha de pensamento para verificação:

1. A primeira palavra que lhe veio à mente deve ter sido "bagunça" – seria o termo popular para descrever esse escritório. Diante desse cenário e da proposta de implementação dos 5S, você possivelmente estudou melhor a ferramenta para verificar o que fazer e descobriu que: (a) há coisas demais, que não pertencem a um escritório; (b) as coisas não estão organizadas. O excesso se resolve com a classificação (*seiri*), e a desorganização, com a organização (*seiton*). Pela descrição, podemos pensar, em primeiro lugar, nesses dois pilares. Ressaltamos, porém, que os 5S não é uma ferramenta da qual se escolhe só algum pilar para implementar. Eles estão unidos em uma única ferramenta porque constituem bases necessárias. Não é viável, por exemplo, classificar (*seiri*) e não ter qualquer compromisso com a padronização (*seiketsu*), pois a adoção de padronização traz critérios para o próprio trabalho de organizar e classificar. Do mesmo modo, a disciplina (*shitsuke*) não é um "S" opcional, mas é combinado com os demais no sentido de estabelecer um compromisso de que todos cumpram a cultura de organização dos 5S.

2. Como já há objetivos definidos (atendimento por *e-mail* mais eficiente, contratar advogado tributarista e ganhar visibilidade na internet), é preciso dar os contornos das tarefas. O gerente pode atribuir cada objetivo a um responsável e dar liberdade a cada um para planejar como fará. Tal responsabilidade pode ser atribuída com a utilização do 5W2H, definindo-se o escopo ("o que fazer"), o responsável e os demais itens da ferramenta. Nesse caso, o modo de fazer, o custo e tempo seriam definidos depois, já que o próprio responsável é quem deve pensar e alinhar com o gerente as ideias. Para o planejamento das atividades, "quebrando" os objetivos em pequenas etapas de ação, pode ser útil elaborar um desenho de processo para cada objetivo, detalhando os passos a serem tomados e o responsável para cada um. Para isso, seria utilizado o fluxograma, o qual, além de servir para cumprimento imediato, pode compor o acervo de conhecimento do escritório para futuros projetos.

Capítulo 3

Questões para revisão

1. c.

2. d.

3. a.

4. Não. Toda a estratégia de gestão do escritório ou departamento jurídico deve estar prevista, com a chancela dos superiores para a prática adotada. Ela também deve constar no manual de procedimentos ou, se ainda não está, deve estar expressa formalmente para todos os interessados por outro meio.

5. Jurimetria é a aplicação de mensuração e estatística em processos judiciais. Seu uso na prática, embora custoso em termos de mão de obra especializada, permite a classificação de processos com base em diversos dados, para auxiliar na tomada de ações diferenciadas e melhor prever seus resultados.

Questões para reflexão

Trata-se de questões para reflexão, portanto, não há um gabarito definitivo; mas propomos aqui uma linha de pensamento para verificação:

1. A classificação de processos permite obter informações próprias de cada "braço de atuação" da organização. Esse é um assunto que tratamos de forma explícita e que bem poderia ser questão para revisão; porém, mesmo assim, é necessário que o leitor, que se aperfeiçoa na gestão jurídica, exerça a reflexão pessoal acerca da real relevância dessa classificação. Se não houver a classificação de cada processo, não será possível obter informações divididas estrategicamente; todas as informações (resultados processuais, custos, retorno financeiro) estariam em um mesmo "bolo", sem se saber quais são as áreas da organização que têm mais potencial para desenvolvimento e quais são as que apresentam fragilidades e precisam de uma rota de mudanças. Então, a classificação dos processos permite obter informações mais precisas para a tomada de decisões.

2. Em primeiro plano, ingressar com recurso ou não é, em regra, uma decisão do cliente. O advogado da causa o informará do resultado da sentença (decisão de primeiro grau) e apresentará a dupla possibilidade: ajuizar recurso ou se resignar com o resultado negativo. No entanto, cabe também ao advogado apresentar as chances de um possível recurso, se for possível vislumbrar um resultado diferente. Para apresentar ao cliente uma perspectiva sobre a viabilidade ou não de recorrer da decisão, é possível se valer da jurimetria. No caso concreto, por mais que seja trabalhosa a pesquisa jurimétrica, ela pode valer a pena, pois são vários os casos semelhantes que podem ser afetados. Assim, em síntese, você pode ter refletido que é vantajoso consultar a jurisprudência do tribunal para o qual seria dirigido o recurso caso ele fosse impetrado, para saber o que o órgão judicial superior tem decidido a respeito desse tipo de ação. Caso a decisão do tribunal seja favorável à tese defendida pelo escritório, recorrer pode valer a pena, ou, caso contrário, pode não ser recomendado gastar com outra fase processual, sendo necessário comunicar isso ao cliente. Tendo em vista o prazo

legal para recorrer, essa decisão de pesquisar jurisprudência deverá ser tomada o quanto antes, e a comunicação ao cliente sobre a decisão de primeira instância deve ser feita antes disso, por questão de transparência plena. Nada pior do que, uma semana depois da sentença, sem contato de seu advogado, o cliente ficar sabendo de uma decisão em seu processo por outros meios.

Capítulo 4

Questões para revisão
1. b.
2. b.
3. a.
4. Na escolha do *software*, é fundamental a capacidade do novo sistema de importar os dados do atual *software*, bem como da planilha de Excel. Tendo em vista a quantidade de processos, a fim de evitar demasiado trabalho mecânico e erros na transposição manual, a aceitação dos dados existentes pelo novo *software*, com importação automática, deve ser ponderada.
5. Inventar é criar algo novo, ainda que não solucione um problema; inovar é pôr em prática uma ideia, mesmo que não seja original, para resolver um problema. O gestor precisa inovar, adotando como prática a melhoria dos processos em seu dia a dia.

Questões para reflexão
Trata-se de questões para reflexão, portanto, não há um gabarito definitivo; mas propomos aqui uma linha de pensamento para verificação:
1. A escolha de um *software* de gestão legal é muito peculiar à organização, conforme suas necessidades (e possibilidades). Alguns recursos podem ser tidos como imprescindíveis para uma e não serem fundamentais para outra e, por isso, não necessariamente é preciso que o *software* conte com todas as ferramentas estudadas. Por exemplo, um escritório de advocacia pode ver como essencial um *dashboard*, que mostre em um quadro breve a situação geral da organização, e pode

ainda exigir a geração automatizada de alguns relatórios; mas pode ser despiciendo para o escritório o *timesheet* no *software* de gestão legal, porque não cobram honorários por tempo dedicado à causa ou porque já há outra ferramenta, separada, para controle do tempo efetivamente gasto em cada causa por advogado.

2. Onde houver pessoas com um objetivo comum, é possível implementar a gamificação. Gamificar envolve tornar mais significativo o atingimento de metas, motivando as pessoas não só pelo resultado final, mas também as tornando engajadas no próprio processo de trabalho. Por isso, sim, a gamificação pode ser implementada em qualquer organização; o que varia é a qualidade dessa gamificação, bem pensada e adaptada aos interesses dos profissionais e aos objetivos que devem atingir. Lembramos que a implementação de qualquer novidade é sujeita a erros, especialmente no início, mas é preciso começar caso se queira chegar a algum lugar. E a gamificação é uma ferramenta muito útil, versátil e que, se bem desenvolvida, proporciona bem-estar e atingimento de ótimos resultados.

Como você estudou nesta obra, controladoria tem tudo a ver com resolver e, acima de tudo, evitar problemas. Na constatação de problemas, muitas vezes nos deparamos com obstáculos que impedem a solução, e algumas das vezes são óbices psicológicos (atitude frente a desafios) ou lógicos (compreensão adequada da situação). Por isso, este apêndice constitui um acréscimo à compreensão do tema e à resolução de problemas profissionais de maneira geral.

Por que não consigo resolver problemas?

Por que você não consegue resolver problemas?

Você encontrará aqui, a seguir, oito erros que impedem a solução de problemas e atravancam seu trabalho – e conhecerá a solução para cada um deles.

Aprendemos muito com os erros, desde que dois passos sejam seguidos:
1. Prestemos atenção a eles.
2. Estejamos dispostos a reconhecê-los.

Aqui, identificaremos claramente os oito erros para ajudá-lo a resolver problemas que pareciam impossíveis. Em cada erro, você vai encontrar o estudo em três etapas:

1. **Situação**: aquilo que está acontecendo na sua vida. Se é o que acontece com você, identifique-se com ela.
2. **Erro**: o modo como você age ou deixa de agir diante da situação. Reconheça.
3. **Solução**: a atitude que você pode adotar para transformar sua vida nessa situação. Pratique.

Bom estudo!

Erro n. 1: Aceitar tudo como verdade

Situação: Muitos problemas que aparecem para nós são, na verdade, de outras pessoas. E ainda há outros que são contados por outra pessoa que não é a interessada imediata. Por exemplo, o gestor anterior, ao passar a função para você, diz que as informações constantes no sistema estão todas erradas e que isso é culpa de seu superior, que não faz um bom trabalho de verificação.

Erro: Assumindo isso como verdade, você pensará mal do empregador e até mesmo evitará comunicação com ele. Pode nem haver problema algum com as informações do sistema, o problema pode ser só a percepção errada da pessoa que contou isso para você, ou o interesse de prejudicar aquele que escolheu você para assumir o lugar que era dele. Ao ter como verdade absoluta o que o gestor anterior contou, você gastará tempo no dia a dia de trabalho para corrigir as informações, arriscará sua reputação ao não confiar em seu superior e poderá descobrir que estava tudo correto e você é que está danificando o banco de dados.

Solução: Se alguém que não é o interessado direto procurar você para dar alguma informação ou pedir alguma ajuda, o primeiro passo é não se comprometer. Para não parecer arrogante, diga que vai pensar e analisar o que pode fazer. Diga que precisa entender o cenário completo e, se puder fazer algo, certamente terá prazer em fazê-lo, dando retorno se for o caso. Não assuma como verdade tudo aquilo que contam. Quando possível, reserve tempo para assimilar as informações e conferi-las com outras fontes. Se você tem dificuldade em dizer "não", precisa capacitar-se, senão não vai conseguir praticar nem esse primeiro passo.

Erro n. 2: Alimentar síndrome de inferioridade

Situação: Você se sente inferiorizado, está preparado para pedir demissão porque, afinal, "meu trabalho nunca é suficiente" e "ninguém vai sentir minha falta".

Erro: Você pede demissão com base em seu sentimento de despertencimento ou de inutilidade, ou em razão de sua raiva. Os sentimentos podem enganar e não refletir, na realidade, o que as pessoas de seu trabalho pensam de você. E, se é um sentimento que é só seu, ou algo passageiro, pode permanecer ou até piorar depois que você deixar seu trabalho.

Solução: Não baseie uma decisão de sua vida em pura emoção. Ela pode ajudar muitas vezes, apontando o caminho do coração, mas também pode levar a decisões precipitadas sobre o trabalho ou uma palavra proferida em outro contexto. Emoções variam e não informam muita coisa. Algumas vezes, o sentimento pode estar na mesma direção do caminho certo a seguir, mas isso nem sempre é verdade; portanto, o que você decidir, decida com convicção e firmeza, sem espaço para orgulho ou para vitimização. O que tiver de fazer, faça com o máximo empenho e convicção, aprendendo o que puder para melhorar. O incômodo que leva você a alguns atos que, mais tarde, revelam-se precipitados se deve à busca constante de satisfação e ao pensar demais em si mesmo (que elencamos como erro n. 3, a seguir).

Erro n. 3: Pensar muito em si mesmo

Situação: Seus colegas de trabalho mais chegados reclamam que você pensa demais em si mesmo.

Erro: Você diz que esse é um problema só seu, que nunca prejudicou ninguém e que executa seu trabalho muito bem, sem precisar da ajuda dos outros nem precisar ajudar ninguém porque não é sua obrigação. Em suma, você está convencido de que não deve nada a ninguém e tem todo o direito de focar sua vida toda em você mesmo.

Solução: Dizer que ninguém tem nada a ver com a sua vida não vai ajudá-lo a ser um profissional melhor, além de que essa afirmação não seria verdadeira. Só o fato de você dedicar cinco segundos de seu tempo a explicar isso para um colega de trabalho mostra que sabe que você não vive só para você. Sua responsabilidade na condição de trabalhador é maior do que cuidar de apenas uma pessoa (você mesmo) e de seu estrito trabalho. Você não vive para você mesmo apenas, outras pessoas precisam de você e você precisa delas. Coloque essa convicção naquilo que faz e verá uma grande diferença, mesmo que ninguém note no início.

Erro n. 4: Preocupar-se com a opinião dos outros

Situação: Você precisa ou planeja fazer alguma coisa – uma solução nova, correta e criativa para gerenciar o trabalho; porém, algumas pessoas não vão gostar, ou poderão não ficar muito felizes com isso, principalmente seus colegas de trabalho mais próximos, que poderão sentir inveja.

Erro: "O que pensam de mim é muito importante". Essa frase o identifica? Tome cuidado com as pessoas de quem você busca aprovação, pois elas podem ser impossíveis de agradar ou não trazer à tona o melhor de você. Existem algumas coisas que você pode controlar, e muitas outras com as quais você só pode conviver e estão fora de seu controle. O que as pessoas pensam – seja de você, seja de seu superior ou de quem quer que seja – depende só delas.

Solução: Não passe por cima daquilo que é certo, de seus valores, nem daqueles a quem você deve respeito e obediência. Tudo aquilo que você fizer, faça pela convicção de que você pode e deve fazer, sem se importar com o que pensarão. Pensar no que os outros vão pensar atravancará seu progresso, impedindo novas soluções e tornando o ambiente de trabalho pesado e improdutivo. Além disso, importar-se demais com os pensamentos de todos impedirá realizações que podem ser boas e, provavelmente, são medos que jamais vão se realizar da maneira imaginada. E se o receio é de "inveja" por parte dos colegas, se for possível inclua-os em seu projeto, por que não?

Erro n. 5: Ficar no mesmo lugar

Situação: Há algo a fazer que está sendo postergado ou tentado sem sucesso por semanas (uma falha nos procedimentos adotados que precisa ser corrigida, algo que deve ser escrito e entregue, um cliente que precisa ser contatado para uma má notícia, um relatório anual que precisa ser finalizado), mas não há progresso nem realização.

Erro: Talvez o erro seja estar focado em sanar uma consequência sem se preocupar com a causa (por exemplo, uma falha nas informações para a qual não basta corrigir as informações, porque a pessoa que as insere é que está fazendo o trabalho de maneira errada). Ou o problema seja a procrastinação (postergar o que deve ser feito), por medo das consequências ou ainda por preguiça de começar.

Solução: Olhe para o todo, encontre a causa para o problema e, antes de fazer qualquer coisa, pense e encontre a forma mais efetiva de resolver o problema e sua causa. Quando tiver certeza do que deve ser feito, pratique, sem pensar no cansaço pelo longo trabalho que virá pela frente, sem medo das consequências que hão de ser inevitáveis. Essa proposta vale se você está fazendo ou procurando fazer alguma coisa sem ter resultado. Se você não está nem tentando resolver, seu problema pode ser de desinteresse, negligência ou desânimo, o que precisa ser tratado à parte.

Erro n. 6: Fazer só o que pode fazer sozinho

Situação: Há um problema para cuja solução é necessária a ajuda de outras pessoas. É uma questão que você pode dar tudo de si e contratar especialistas para ajudar. No entanto, sem a colaboração de outras pessoas interessadas, não será possível resolver.

Erro: Como não depende só de seu trabalho, você deixa a questão sem solução ou espera a boa vontade dos outros para que tomem a iniciativa e possam solucionar o problema sem sua participação.

Solução: Existem pessoas extrovertidas e introspectivas, aquelas mais abertas e aquelas mais tímidas – mas nenhuma delas pode ser "egoísta" em seu trabalho, tampouco pode ter receio de dar e de receber ajuda. É possível que cada responsável pela possível solução esteja cometendo o mesmo erro, esperando que alguém tome a iniciativa. Devemos aprender a nos relacionar e a trabalhar em equipe. Por mais que as outras pessoas sejam colegas de trabalho desconhecidos, chame-os para uma conversa (se for mais de uma, você pode chamar juntas ou uma pessoa por vez) e explique a situação, sua vontade de resolver e a necessidade da participação delas. Até algumas coisas que você pode fazer sozinho terão maior efetividade se outros participarem da decisão e da implementação.

Erro n. 7: Conviver com problemas pequenos

Situação: Há um problema pequeno, bem pequenininho, incomodando o dia a dia profissional. Você não quer incomodar ninguém por causa dele, mas não sabe resolver.

Erro: Por ser um problema pequeno, para o qual não se sabe a solução ou não se quer perde tempo, ele é deixado de lado. Ele pode perdurar no tempo, incomodando os que estão submetidos a ele, juntar-se com outros pequenos problemas e aborrecer cada vez mais, atrapalhando o ambiente e o fluxo normal de trabalho da organização.

Solução: Não existem pequenos problemas de trabalho ou grandes problemas de trabalho. Existem problemas de trabalho que você resolve e existem outros que você não se preocupa em resolver. Um problema de trabalho, normalmente, não afeta apenas o trabalho, mas as diversas pessoas que dependem de seu trabalho (superior, cliente, colegas, famílias que dependem desse trabalho etc.), de modo que cada um deve ser tratado e resolvido adequadamente. Se você quer resolver, mas não sabe "como", procure um profissional que possa ensinar os fundamentos daquilo que precisa ou um material para estudar sobre o assunto. Pode ser um aprendizado de algumas horas ou alguns meses, mas estudar sempre é um investimento de tempo e dinheiro que vale a pena. Além do mais, a aprendizagem é boa para a saúde e abre portas profissionais e pessoais, pois amplia possibilidades de trabalho, contatos e conversas. O raciocínio e os métodos que você vai adquirir podem ajudar a resolver outras coisas que você nem pensava serem possíveis.

Erro n. 8: Paralisar-se diante de um desafio

Situação: Surge um desafio grande em seu trabalho, muito complicado, para o qual você não é capaz.

Erro: Como você pensa que não tem capacidade, então recusa essa oportunidade (caso ela seja apresentada pelo superior), ou, se for um problema complexo, não tenta resolver e não faz nada, apenas passa a conviver com ele.

Solução: Se você pensa que não é capaz de fazer isso, você tem toda a razão! Ninguém sabe fazer tudo. O que é simples para uma pessoa pode ser impossível para outra pessoa, e vice-versa. Do mesmo modo, como você pode conseguir (talvez) trocar uma lâmpada, mas um deficiente motor não, alguém com conhecimentos que você não tem pode dar conta de desafios para os quais você não se sentiria minimamente apto. Dedique-se a fazer o que pode, principalmente se alguém confiou em você e você aceitou. E peça ajuda quando necessário, ao superior, a um mentor ou a um colega mais experiente.

Concluindo

Faça anotações pessoais: O que está acontecendo em seu trabalho relacionado a esses erros? Como vem lidando com isso? Como pode aplicar a solução?

Nada, nada neste livro e nada no mundo farão qualquer diferença em seu trabalho se você não trabalhar em você mesmo primeiramente. Se não vê nenhum defeito em si mesmo, não vai querer mudar; logo, não fará qualquer esforço para melhorar. Querer ser melhor não é presunção ou orgulho – pelo contrário, é humildade de quem sabe que é imperfeito.

sobre o autor

Antoine Youssef Kamel é graduado e mestre em Direito, com pós-graduação em Formação Docente para EAD, Gestão Estratégica de Empresas e Direito Tributário. É coordenador-adjunto de cursos de graduação a distância do Centro Universitário Internacional Uninter.

Impressão:
Setembro/2020